開脚の女王 Eiko

どんなに体がかたい人でも ベターッと開脚《かいきゃく》できるようになるすごい方法

サンマーク出版

まえがきのまえがき

この本をつくった人　サンマーク出版　黒川精一

ぼくは小さなころから、
体がかたいことが悩みでした。
前屈しても、もちろんマイナス。
足の先をつかむことなんてできません。
足先は、遠くに見える蜃気楼《しんきろう》のようです。

小学校の体育の授業で、先生の話を
よく「体育座り」して聞かされました。
この体育座りすら、ぼくには苦痛でした。
体がかたくて、後ろに倒れそうになっちゃうんです。

体操着のズボンの先っちょをつかんで、
倒れないように踏ん張っていました。
体育の授業は、
球技はなんでも好きでしたが、
体操とか、マット運動とか、
そういうのが大嫌いでした。
そうそう、飛び箱も嫌い。
体がかたいとすごく飛びにくいんです。
だって、脚が開かないんだから。

そんなぼくの小さなころからの夢は、
ベターッと「開脚」することです。
体育の授業のときにらくらく開脚している女子を見ると、
「うらやましいなぁ」といつも思っていました。
テレビで体操選手やバレリーナが

準備体操のときに美しく開脚している姿を見て、

「ぼくもいつかあんな風にやってみたいなぁ」

と憧れていました。

幼いころのぼくにとって、
開脚ができることはかっこいい人の象徴だったのです。

これは大人になったいまも、そう。
食卓に「アジの開き」が出てくると
開脚のことを思い出す始末……。
なぜ、ぼくはこんなにも開脚ができるようになりたいのか――。

健康によさそうだから？

ケガをしないように？

スポーツがうまくなりたいから？

ダイエットによさそうだから？

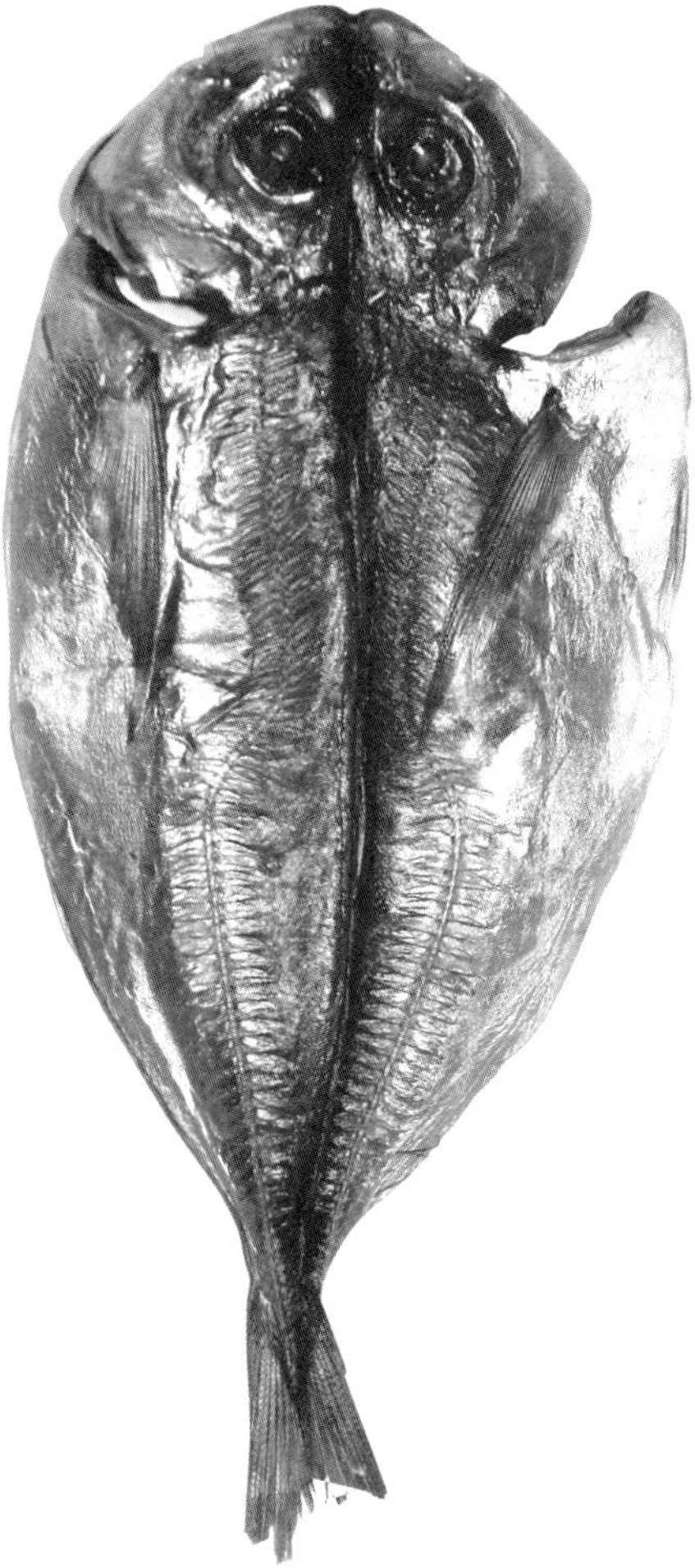

いや、どれも、ちがいます。
ぼくが開脚したい理由――。
それは、開脚できたらかっこいいからです！

あの「ベターッ」ってやつを
一度でいいからやってみたい。
ただ、それだけです。
なにかの目的があって体がやわらかくなりたいわけではなくて、
ただただ「開脚ができるようになりたい」のです。

でも……。
今年こそ、と意気込んでストレッチを始めては、
そのたびに挫折を繰り返してきました。
「ぼくは体がかたいまま死んでいくんだな……」

そんな風にあきらめていたある日、
開脚のやり方を紹介したある動画が
話題になっていることを知りました。
その時点でなんと100万回も再生されていたのです。

（いまではすでに250万回を超えています！）
おお！　なんだこれは！
股関節にびびっとイナズマが走りました。
すぐに調べてみると、
その動画に出演していたヨガインストラクターの女性は、
大阪に住んでいるとのことでした。
ぼくはいてもたってもいられなくなって、
気づけば東京から新幹線にのって
大阪に向かっていました。

こうしてぼくは、「開脚の女王」と出会ったのです。
開脚の女王ことＥｉｋｏさんの開脚メソッドは、
本当にすばらしいものでした。
くわしくお聞きすると、
動画を見ただけではわからない、

メソッドの詳細とそのすごさがわかりました。

もともと体がかたい人でも、
自宅にいながら、無理なく実践することができそうです。

「これなら、ぼくにだってできるかもしれない……」

開脚の女王は、そんなぼくの気持ちをあと押しするように、

「どんなに体がかたい人でも、ベターッと開くようになりますよ」

そう言って1枚の写真を見せてくださいました。
そこには信じられない光景が！
72歳の方の開脚写真でした。
お話を聞くと、もともと体がかたかったこの人は、
Ｅｉｋｏさんの開脚メソッドによって
短時間のうちに「ベターッ」を実現したそうです。
衝撃でした。いくつから始めてもベターッとなれるのか！

72歳でもこのとおり！

子どものころから憧れた開脚。
なんどもなんども挫折してきた開脚。
そこにはじめて光が見えた気がしました。

すごい方法を見つけてしまった。
ついに夢を叶えるときがきた。
気づけばぼくは、

「本をつくらせてください」

と、開脚の女王にお願いしていたのです。
こうして本書の制作に突入しました。

子どものころから体がかたい人でも大丈夫です。
この本で「ベターッ」と脚が開く夢をぜひ叶えてくださいね。

「開く」を
とことん意識した
本書だけに、
とっても開きやすい
製本にしました。

まえがき

開脚メソッドを教えてくれる人　Eiko（開脚の女王）

私は20代のころ、エアロビのインストラクターをしていました。
月日がながれ、やがて自分の関心がヨガにうつると、
ヨガのインストラクターを目指すことにしました。
ただ、当時の私にはひとつ悩みがありました。
体がかたいことです。
腰痛をかかえていたこともあり、
ヨガの動きは、体のかたい私にはつらいものでした。
なにより、生徒さんたちに示しがつきません。
だって、体のかたいヨガの先生なんて、
私が生徒だったらイヤですもの。

ここから私の「体改造計画」が始まりました。

体がやわらかいことの象徴といえば、
やはり開脚でベターッと上半身が床につくことです。
当時の私は、脚はそこそこ開くものの
上半身を床につけられるようなやわらかさはありませんでした。
そこで、どんなストレッチをすれば
「ベターッ」が実現できるか研究を始めました。
さらに、どうせやる以上は、
体がかたくて悩んでいる人でもできる、
再現性のあるやり方をあみだしたい――。
くる日もくる日も研究をしました。
そうしてたどりついた開脚メソッドは、
生徒さんたちにとても好評でした。
「体がかたくてヨガ教室に行くのが恥ずかしい……」

と言っていた人たちを、
「体がやわらかくなって、世界が変わった！」
と言わしめるまでになったのです。

その評判はメディアの方々にも届くようになり、
私の開脚メソッドを動画にしたいというオファーが増えました。
私が出演した開脚ノウハウの動画が
２５０万回以上も再生されて、ただただ驚くばかり。
みなさん、こんなに開脚ができるようになりたかったの⁉ と。

そしてこのたび、こうして本まで出させていただくことになりました。
本当にびっくりです。だって「開脚する」ことだけを
目的にした本なんて前代未聞です。
東京からわざわざ来てくださった編集者の黒川さんに、
「ほんとに本になるんですか？」と思わず聞いてしまいました。

でも、やるからには、最高の本にしたい。
子どものころから体がかたくてコンプレックスになっている人に、
開脚ができるようになることで得られる
「爽快感」や「喜び」を味わってほしい。
日常の動作がいかに「スムーズ」になるかを体感してほしい。

この本をつくるにあたって、
これまで私がつくりあげた開脚メソッドをさらに改良し、
わずか「4週間」程度で「ベターッ」を実現できるようにしました。
このあとすぐにご紹介する、
「開脚4週間プログラム」
を実践すれば、小さなころから体がかたい人でも、
年齢とともに体がどんどんカチコチになった人でも、
開脚ができるようになるはずです。
1週間ごとにプログラムがすこし変化するので、

あきずに実践できます。

効果をきちんと実感できるから「やる気」もつづくでしょう。

そして「開脚4週間プログラム」のつぎには、

小説『開脚もできないやつが、何かを成せると思うな』を収録しました。子どものころから体がかたい40歳の会社員・大場誠たちが、

開脚の女王のメソッドを実践することで、

短期間でベターッを実現しようと奮闘する感動物語です。

開脚が小説になるなんて、これまた前代未聞かもしれませんね。

この小説、登場人物や設定はフィクションですが、

実践する「開脚4週間プログラム」やそのほかのノウハウは、

すべて私があなたに実践してほしい内容です。

とっておきのノウハウも登場しますからお見逃しなく。

また、開脚4週間プログラムを実行するうえで、

なにが苦しいのか、
どんな悩みがあるのか、
どんな快感があるのか、
実際に実践した人たちの声をもとに書かれていますので、
とってもとってもリアルです。
読んでくださるとモチベーションのアップにもなりますよ。

たかが開脚。されど開脚。

体がかたい、というコンプレックスを消し去ったとき、
あなたはきっと自分をほめてあげるはずです。
「乗り越えた」という自信が、
その後の人生をぱっと明るくすることでしょう。
ぜひ、体感してください。脚が開く心地よさを。
それでは、始めますね。

どんなに体がかたい人でもベターッと開脚できるようになるすごい方法　目次

まえがきのまえがき　2
まえがき　12
本書の開脚の定義　24
何歳からでも開脚はできる!!　26

第一幕
体がかたい人でもベターッとなれる「開脚4週間プログラム」　33

開脚4週間プログラムは基本のストレッチ2＋週替わりストレッチ1　36

4週間“毎日やる”

基本のストレッチ

38

1週目 内ももストレッチ 40

2週目 壁ストレッチ 42

3週目 椅子ストレッチ 44

4週目 ドアストレッチ 46

第二幕

小説『開脚もできないやつが、何かを成せると思うな』 51

登場人物 52
プロローグ1 大場誠の日曜日 54
プロローグ2 梅本愛の日曜日 64
シーン1 会議室での衝撃 74
シーン2 どこまで前屈できる？（「驚異の前屈ストレッチ」の解説） 82
シーン3 心に開脚の火をつけろ！（「驚異のペアストレッチ」の紹介） 90
シーン4 開脚4週間プログラムの全貌 107
シーン5 それぞれのチャレンジ（1週目の実践） 118

シーン6 「開脚の女王」との出会い（2週目の解説） 126
シーン7 「続ける」って難しい（2週目の実践） 146
シーン8 「開脚もできないやつが、何かを成せると思うな」（3週目の解説） 154
シーン9 女王の「開脚道」（3週目の実践） 162
シーン10 自らの道を突き進め！（4週目の解説・実践） 170
エピローグ ついに、そのとき 175

両ひじが床につけば開脚達成！

脚を大きく開いてひざをピンと伸ばし、
前に上半身を倒していき、
「両ひじ」が床につけば、開脚達成とします。

本書の開脚の定義

何歳からでも開脚はできる!!

著者の教室では開脚の成功者が続出。70歳から通い始めて、すぐに開脚ができるようになった人も! 開脚は何歳から始めても達成できるのだ。

3

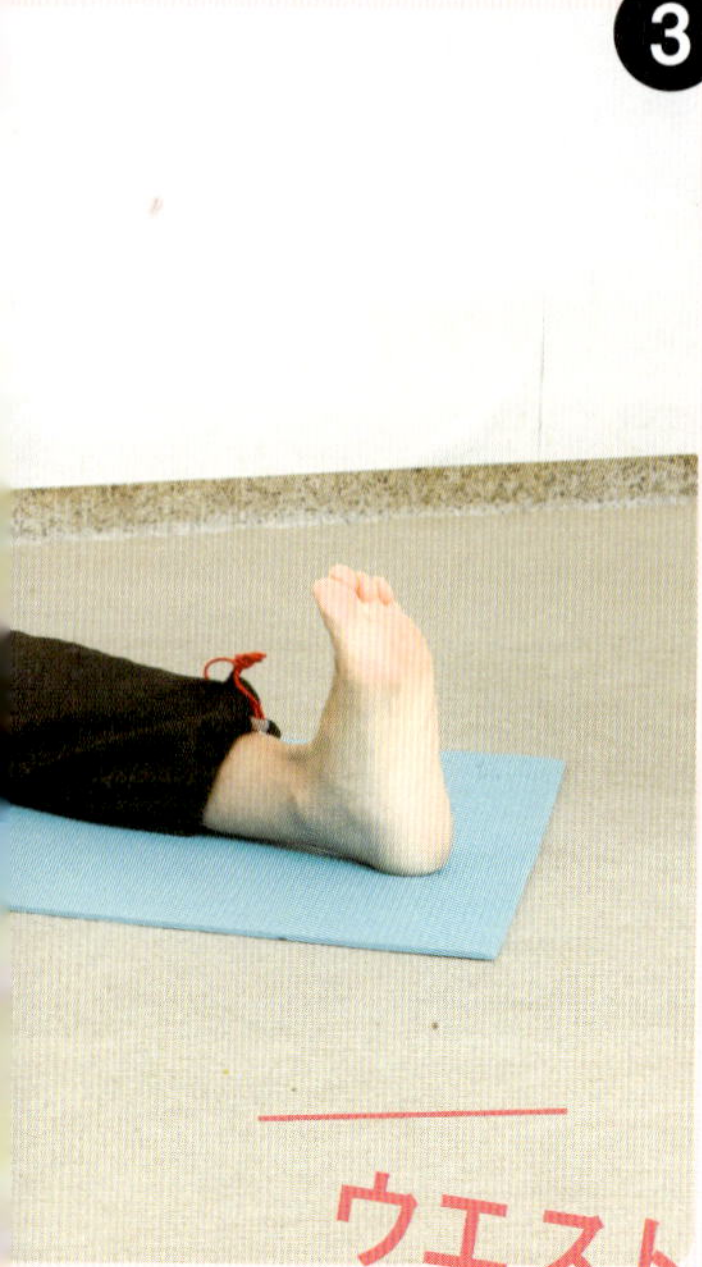

ウエストも細くなった!

2

1

西野スガ子さん
72歳

「70歳からEiko先生の教室に通い始めました。最初は、脚すら開きませんでしたが、毎日、教えられた通りにテレビを見ながら練習していると、2か月ほどでできるようになってしまい、自分でもびっくり。体の動きも軽くなり、3階まである自宅の階段を駆け上がっても息すら切れません。それから、ウエストも締まって、以前ははけなかったズボンがはけるようになったんです。53歳の娘より、はるかにしなやかに動けますよ！」

何歳からでも開脚はできる!!

❸

5キロやせて、
腰痛もよくなりました!

❷

❶

市来圭子さん　68歳

「63歳のときにEiko先生の教室に通い始めました。それまでは脚は開いても上半身を前に倒すことはできませんでしたが、いまではすっかりベターッとつくようになり、友人たちに驚かれます。おまけに5キロやせて、以前は病院に通っていた腰痛もいまではほとんど気にならなくなりました。ひざの関節も痛かったのですが、とてもラクになり、階段の上り下りもラクラクですよ」

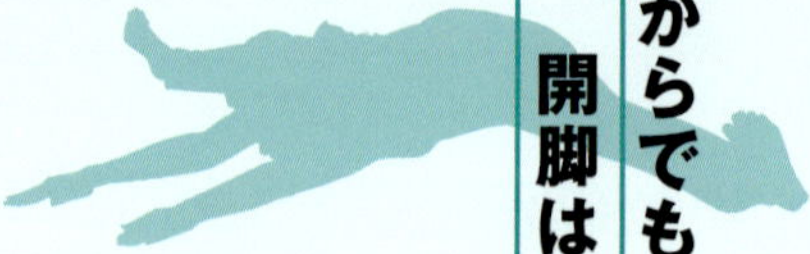

3

体がポカポカして、冷え性が改善！

1

2

平岡朱美さん　66歳

「60歳から、週に1回レッスンに通っています。家族はみんな体がかたいのですが、Eiko先生のおかげで、私だけは開脚でベターッとつくほどやわらかいんです。開脚をできるようになって、あきらかに血流がよくなったのを感じます。以前は寝るときに靴下をはいて、布団を何枚もかけないと、足が冷たくて眠れませんでしたが、いまは体がポカポカしているので布団が少なくても快適に眠れます。先生には本当に感謝しています」

第一幕

体がかたい人でもベターッとなれる「開脚4週間プログラム」

ついに、
ベターッを
実現する
ときがきた

開脚4週間プログラムは

基本のストレッチ
2

＋

週替わりストレッチ
1

これから4週間、毎日3種類のストレッチを行います。

はじめの2つは、開脚成功まで毎日取り組む「基本のストレッチ」。

そしてもうひとつは、1週間ごとにステップアップしていく「週替わりストレッチ」です。

基本のストレッチ

1 タオルストレッチ

2 シコストレッチ

週替わりストレッチ

1週目

＼内もも／
ストレッチ

2週目

＼壁／
ストレッチ

3週目

＼椅子／
ストレッチ

4週目

＼ドア／
ストレッチ

4週間"毎日やる"基本のストレッチ

基本のストレッチは、タオルストレッチとシコストレッチの2つ。
「痛気持ちいい」と感じるくらい伸ばすのが基本。はじめのうちは、無理しすぎないよう気をつけて。

1 タオルストレッチ

片脚の裏側にハンドタオルをかけ、ひざをピンと伸ばしたまま両手でタオルを頭の方向に引っ張り、脚を揺すりながら30秒間キープ。反対側の脚も同様に。

これはNG

曲がってしまうと十分なストならない。きつければバスタも、ベルトなどの長いものを。

これでもOK

きつければ、はじめのころは脚を引き寄せられなくても OK。ただし、ひざはピンと伸ばすこと。

2 シコストレッチ

太ももを
後ろに押す
上下に
小刻みに
20回揺する

①ひざを外側に向け、脚を肩幅の倍程度開いてお尻を落とし、両手をひざ近くの太ももの内側に置く。

②上下に小刻みに20回ほど揺する。

③次に肩を片方ずつ内側に入れ、同時により強く腕で太ももを押し、脚のつけ根と背中をストレッチ。

これでもOK

きつければ、はじめのころは腰を落としきれなくてもOK。

1週目

Program of the first week

基本の2種類に加え、
週替わりで1種類のストレッチを行います。
1週目は屈伸運動に似た内もものストレッチ。
毎回すべて終わったら開脚を試してみてください。

毎日
かならずやる
基本の2つ

1 **タオル**ストレッチ

2 **シコ**ストレッチ

3 内ももストレッチ

片ひざを立て、屈伸運動の要領で、片脚ずつ揺すりながら 30 秒間伸ばす。反対側も同様に。

これはNG

ひざが曲がってしまうとしっかり伸びない。

これでもOK

かたい人は、かかとが上がってしまってもOK。

▶▶ 最後に開脚をしてどこまで伸びるかチェック！

ひざを曲げずに両脚を目いっぱい開いて座り、上半身を前に倒す。最終目標は両ひじが床にピッタリつくこと。毎日、だれかに同じ位置から撮影してもらうと、進み具合がわかりやすい（鏡などに自分をうつして撮影するのもおすすめ）。

2週目

Program of the second week

週替わりのストレッチ、2週目は「壁」をつかうことで開脚にぐっと近づきます。脚の体重を壁が支えてくれるので、ひざを曲げずに無理なく負荷をかけられます。

毎日
かならずやる
基本の2つ

1 **タオル**ストレッチ

2 **シコ**ストレッチ

3 壁ストレッチ

①お尻を壁に近づけ、両脚を天井に向かって伸ばし、開く。
②壁に脚を預け、ひざを曲げずに無理のない範囲で脚を開き、揺すりながら1〜2分程度ストレッチ。

これでもOK

負荷は脚を開く角度、お尻と壁との距離で調整。きつい場合は開くところまででOK。

▶▶ 最後に開脚をしてどこまで伸びるかチェック！

1週目とどれくらい違うか、写真や鏡で比べてみよう！

3週目

Program of the third week

３週目は、椅子に座って股関節に負荷をかけていく椅子ストレッチ。背もたれによって、ひとりでも負荷を自在に調整できるのがポイント。

毎日かならずやる基本の2つ

1 タオルストレッチ

2 シコストレッチ

3 椅子ストレッチ

❶
お腹を
突き出す

❷
揺すりながら
30 秒伸ばす

①背もたれに向かって椅子にまたがり、背もたれを両手で持ち、お腹を突き出す感覚で前に出す。

②背もたれを引っ張るように上半身を後ろに倒し、両ひざを開き、股関節を 30 秒間揺すりながら伸ばす。

▶▶ 最後に開脚をしてどこまで伸びるかチェック！

2週目とどれくらい違うか、写真や鏡で比べてみよう！

4週目
Program of the fourth week

いよいよラストウィーク。ドアストレッチはドアをつかうことで脚を壁に任せられるので、一気に栄光の開脚が見えてくるはず。ドアがない場合は「カエルストレッチ」をためして。

毎日かならずやる基本の2つ

1 **タオル**ストレッチ

2 **シコ**ストレッチ

3 ドアストレッチ

1

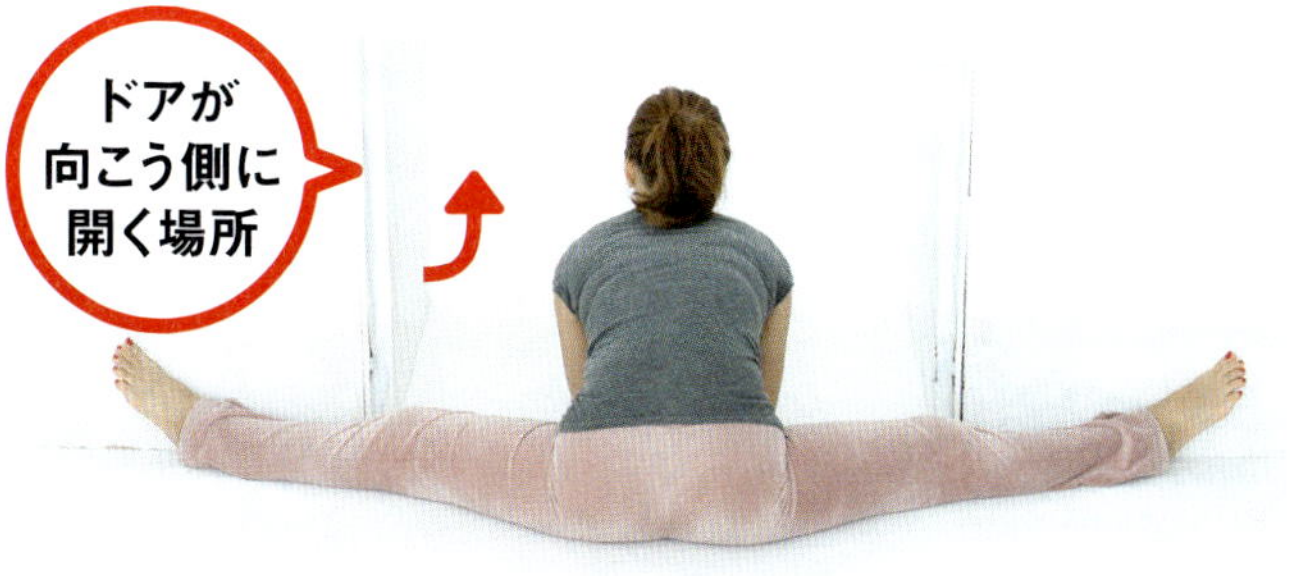
ドアが
向こう側に
開く場所

①左右の壁が平行でドアが向こう側に開く場所をさがし、その前に脚を開いて座る。

2

腕をついて
30 秒間
揺する

②開いた両脚を壁で支持し、上半身を前に倒して腕を床につき、体を揺すりながら 30 秒間伸ばす。

ドアがないときは…… 3 カエルストレッチ

脚を大きく開いて足首を外側に向け、床に手をついて倒れそうになる上半身を支えながら 30 秒間伸ばす。床に手がつかない場合は、ひじのあたりを太ももに乗せて上半身を支えるとよい。

▶▶ 最後に開脚をしてどこまで伸びるかチェック！

3週目とどれくらい違うか、写真や鏡で比べてみよう！

4週間後、きっと変われる

第二幕

小説
『開脚もできないやつが何かを成せると思うな』

〈大場　誠〉(40)

とある専門商社の営業部課長。31歳で結婚。妻とサッカーが大好きな小学2年の息子・翼と3人で暮らす。昔はいっぱしのサッカー少年、いまでは見事なおっさん体型。最近老化への焦りを自覚。優しい性格だが仕事はソコソコ。

〈梅本　愛〉(32)

大場と同じ部署の女性総合職。「バリキャリ」にもうひとつなりきれず、理想の姿にはほど遠い、自己実現感が薄い毎日。6年間彼氏なし。30代になり、痩せにくい、ダイエットが続かない、体がかたい自分を実感している。

〈堀　哲也〉(45)

誰もが認める会社中堅層のエース。大場の大学の先輩。瀕死の大阪支社を単身赴任で見事に立て直し、本社部長に栄転。エレガントな身のこなしで、明るく前向き。部下をその気にさせ華麗に魅了する。その秘密は意外なところに⁉

〈Eiko先生〉

大阪で活動するヨガインストラクター。自らの体がかたく、開脚はおろか体をいためた経験を活《い》かして開発した「開脚動画」が250万回再生の大ヒットとなり、世間の注目を集める。大阪に来た堀を、4週間で開脚させてしまった。

プロローグ1

大場誠の日曜日

「お父さん！　早くー！　約束でしょ!?」

山積みの資料にはさまれ、プレゼン用の資料づくりと格闘していると、目の前に突然、ドリブルをしながら息子の翼が現れた。

最近新調したばかりの翼のユニフォームは、今後の成長分を見込んでいるため、まだサイズに余裕がある。当人は得意げだが、ユニフォームに着られているようだ。

しかし、いくらサッカーをしたいからといっても、出し抜けに部屋のなかでドリブルするなんて危ないじゃないか。そもそもどうしてユニフォーム姿なのに、夢中で取り組んでいる少年サッカーチームの練習に行かないのだろう？

そんなことを思っていると、今度は強烈な眠気が襲ってくる。翼のユニフォームと、パソコンの画面が、だんだん遠ざかっていく。

ああ、すまない息子よ、お父さんは少し寝ていたい。これでも君の父親はけっこう忙しいんだ。お願い、もう少しだけ——。

大場誠は、頭のなかでそう哀願しながら、布団の上でのっそりと寝返りを打った。

「シュート‼」

絶好のチャンスを見逃さなかった翼のキックが大場の腰にヒットして、ようやく夢から醒《さ》めた。

そうだ、翼とサッカーの練習をするんだった！

翼は、毎週日曜は午前中から少年サッカーの練習があり、その後もたいてい日が沈むまで帰ってこない。ところが今週は、いつもくっついて遊んでいる3年生から上のメンバーだけが1日がかりで遠征に出かけてしまい、低学年だけ練習が休みなのだ。それが翼にはつまらなくて仕方ないらしく、今日は久しぶりに大場がトレーニングをつける約束をしていた。

時計を見ると、もう9時を回っている。妻はマンションの自治会の行事で出かけているはずだった。

翼は朝のテレビ番組もひと通り見終わって、すでに準備万端のようだった。いっぽうの大場は、翼との約束を守るために今日に仕事を持ち越さないよう、夜中の3時までパソコンと向き合って、月曜の会議の準備をしていたのだった。


しかし大場は、少し驚いていた。無理やり起こされたにしては、今日は思いのほか寝覚めが心地いいし、体も軽く感じる。

40歳を迎えたいま、仕事はいまひとつ冴《さ》えない割にハードで、就職超氷河期に入社してきた優秀な後輩たちの成長も著しい。プレッシャーなのか年齢からなのか、肩やら背中やら腰やら股関節やら、いつもならどこかしらに痛みや疲れがあるのだが、今日はウソのようにすっきりしている。月に1回あるかないかの「当たり」の日だ。


「よーし翼、ちょっと待ってろ。お父さんすぐ準備しちゃうから」

そう言って、大場は掛け布団を蹴り上げた。

いつものようにムニャムニャ言い訳をしてダラダラせず、今日はとことん翼につき合ってやろう。

なんせ明日からは、あこがれの先輩が帰ってくるのだから。

大場の気分が上向いているのは、体が軽いせいだけではなかった。


大場は素早く顔を洗って髭《ひげ》を剃《そ》り、靴下をはこうとした。

最近は、体のかたさを実感している。少し斜め向きの体勢にならないと靴下がはきにくい。ランニングシューズのひもを結ぶときも、以前なら屈《かが》めばできたのに、いまでは決まって玄関の框《かまち》にどっかり座るようになった。これがオヤジの威厳だ、とうそぶいてはいるものの、要するに座らないともうつらいのである。腹の出方も、だいぶオヤジスタイルになってきた。


そんな大場自身も、かつてはサッカー少年だった。

マンガの『キャプテン翼』にあこがれて、小・中とグラウンドを駆け回った。一度も補欠になったことはなかった。高校では通学距離が長くてやめてしまったが、大学では対外試合を盛んに行う本格的なサッカーサークルに所属していた。妻ともそこで出会った。

就職、そして結婚後も、翼が生まれてくるまでは、ＯＢ同士のフットサルチームに積極的に参加していた。だがここ数年は、忙しさと体力面の衰え、そして体重の増加で、もっぱら打ち上げや忘年会の盛り上げ専門メンバーになっている。

50代になっても走り回っている先輩たちを見習いたいのはやまやまなのだが、実際は溜《た》め息をつくばかりだ。

今日はすばらしい天気だ。エレベーターを待つ間に外廊下から眺める富士山が美しい。でも、翼がこうした美しさに自ら気づくのは、もう少し大人になってからだろう。

翼がまんまとサッカーに夢中になってくれたことは、大場の密かな幸せだった。息子にもサッカーを好きになってほしくて、4年前、少し無理をして現在のマンションを購入した。サッカーの盛んな地域で、Ｊリーグクラブのホームタウンなだけでなく、何面ものコートがある広い河川敷まで、歩いて10分もかからない。元Ｊリーガーが指導してくれるサッカースクールもある。

サッカーを通じて友人もたくさんできたらしく、この地は、すっかり翼のふるさとになったようだ。毎月のローンは安くはないが、大場は、しみじみここに引っ越してきてよかったと感じていた。

もちろん、自分の親バカぶりを差し引いても、我が息子がプロ選手になれるとまでは思わない。でも、可能性を追い求めるなら、始めるのは早いほうがいいに決まっている。一説によれば、神経系は10歳までに形作られてしまうらしい。

今日みたいなコンディションなら、オレだってまだまだ行けるかもしれない。息子に負けず、フットサルに復帰してみようか?

大場は、エレベーターのなかの鏡に映る自分のちょっと太った姿を見て、久しぶりにそんな気分になった。

上の世代が全員いないせいか、朝の河川敷のピッチはがらんとしていた。これなら、いろいろ自由に練習メニューを組めそうだ。翼は体を動かしたくて、ウズウズしながらリフティングをしている。

まずは、ゴールに向かってドリブルしていく翼のボールを、大場が奪うゲームから始めることにした。サッカー練習の基本は1対1。これがいつも翼に語っている大場のモットーである。

翼と本格的に練習をするのは、半年ぶり、いやそれ以上になるはずだ。大場は、すぐに驚かされた。

小さい体でチョロチョロ動いていただけの翼が、格段に上達しているのだ。自分の攻撃をかわす手数が増えている。そして、スピードがついてきた。

多少手加減してやるつもりだった大場は、慌てて考えを修正した。これは本気を出さなければ練習相手になれないぞ。

しかし、突然訪れたこの瞬間が、親として、とてもうれしく感じられた。こうして一緒にサッカーを楽しめるときが来たのは、想像以上に血が湧くできごとだった。

同時に、少しずつフットサルをしていたころの感覚がよみがえってきた。足の踏み出し方、上半身のこなし方、相手に体を寄せるタイミング、ボールへの当たり……相手の動きを読みながら、スピードとテクニックのギリギリを攻める快感。

翼よ、なかなかやるようになったじゃないか！

そしてオレよ、行ける！　まだまだ行けるじゃないか！

だが、そんな大場の幸福感は、長くは続かなかった。

頭が反応していても、体で、プレーで表現できない。しかも、あっという間に疲労していく。息が上がる。そして、じりじりと翼に離されていく。

何を、まだまだ！　そんな思いで大きく脚を踏み出した瞬間、大場はたたらを踏むかのごとく、おかしなステップを踏んだあと、見事に転倒してしまった。

「……お父さん、大丈夫？」

翼が心配そうに覗《のぞ》き込む。口の中に変なものが入ったのかしゃべりにくいし、ひざを打ったらしくジンジンと痛むが、どうやら、アキレス腱《けん》を切ったり、足首を捻挫したりということはなさそうだった。とっさに受け身をとったのか、偶然うまく転がったのかはわからない。

ヨロヨロと立ち上がった大場は、せめて口調だけは格好つけて「大丈夫だ。少し、ひとりで練習していて」と翼をうながし、体を確かめながら、ピッチの外に出た。

なんてザマだ……。それにしても、こんなに体が動かないなんて！

大場はまず、ふだん運動不足の自分が、ろくに準備運動もせずにゲームを始めたことが間違いだったと考えた。

しかし、自分にウソはつけない。この原因は、明らかな老化、そして体がしなやかさを失い、かたくなってしまっていることにあった。頭はまだ老けていない分、状況を知覚して脳が「できる」と判定して出した指示を、体が処理できなくなってしまうのだ。

結局、翼との練習は、だましだまし、お茶を濁しながらつき合ってやることになった。

大場はショックだった。家に戻り、ソファに座っても気分は落ち着かない。自分もこうして、ただのダサいおっさんに、そしておじいさんになっていくのか。これが世に言う「老化」ってやつの具体的な現象なのか。

そんな無様《ぶざま》な姿を、成長まっただなかの息子に見られたことが、心に深く傷を負わせた。

それは、自分よりもいい仕事をする会社の後輩たちにいつも感じている、小さな寂しさにも似ていた。肩書きだけは課長扱いだが、大場に直属の部下はいない。後輩たちよりいい仕事をしている自信も、正直持てていない。

明日、大場の会社では大規模な人事異動が発令され、上司として、大場が長年世話になっている先輩が戻ってくる。伸《の》るか反《そ》るかの大勝負で誰にも文句を言わせない実績を叩き出し、ついに本社でもっとも有望とされるポジションに就くのだ。

かといって、先輩は人を蹴落としてのし上がったわけでも、近寄りがたいほど脂ぎっているわけでもなく、いつだって優雅で、スマートで、たくましくてカリスマ性があって、そのくせ自分に厳しく人を明るくする性格だ。

いまでも娘と2人で原宿や渋谷に買い物に行く45歳というのは、いったいどうしたら存在し得るのだろう?

先輩は、どうしてあんなにかっこいいんだろう? 果たして5年後、オレはあんなふうになれているんだろうか?

そんな思いとともに、大場の日曜日は暮れていった。

梅本愛の日曜日

気づけば、夜の7時を過ぎていた。

ひとり暮らしの、静かな白い部屋。そのままでは寂しすぎるので、内容には何も関心のないテレビを、音を小さくしてつけたままにしている。


今日はまだ、誰とも話していないな。


梅本愛は、ふとそんなことを思った。

明日、勤務している専門商社では、大規模な組織改編と人事異動がある。梅本自身の仕事に大きな変化はないが、所属している部署が新たに統合されることになり、上司も変わることになっている。

週明けの月曜日は、メンバーの顔合わせと現状報告のための長い会議が設定されている。個別面談ではなく全員を集め、各自が現状と今後の見込みについて報告することで意識を共有したいというのが、新しい担当役員と部長の意図だという。

梅本は、ここ2年ほどの自分の実績を整理しながら、現在取り組んでいる分野の一般的な現状分析、担当しているクライアントや見込み顧客の分析と今後の課題、新プロジェクトの進捗状況、そして前回会社に提出した目標設定の現時点での達成状況などを、プレゼンできるようにまとめていた。

先週、業務時間内にやり切れればよかったのだが、ルーティンの仕事との時間調整がつかず、結局こうして家に持ち帰ってしまったのだった。

正直、気分は重かった。

今日、本当は、気の置けない、そして数少なくなった独身の友人からランチの誘いがあったのだが、仕事が片づいていないことを理由に断ってしまった。

かといって、せっかくの休みをつぶして充実した仕事ができたかというと、そうでもなかった。

花形とされる本社の部署に置いてもらっているし、査定も悪くはない。周囲からも、仕事ぶりをほめられることが多い。

梅本自身も、自分が「仕事ができる」という部類には入っているのだと思っている。特に、洞察力や分析力には自信がある。しかも、表面上の性格は明るい。そうしているほうが、仕事においては明らかにプラスになるからだ。

しかし梅本は、自分にはウソをつけないことも痛感していた。


この2年間、自分がつくり上げた仕事はこれしかなかったのか。本当はもっとできたはずなのではないか？

いつだって自分は準備が甘く、トラブルから逃れるためにその場しのぎの言い訳で、笑顔でカバーしているだけなのではないか。そんな小手先の、泥縄のテクニックが、社内外の厳しい競争のなかでいつまで通用するのか？

そのくせ、自分は過剰に「忙しぶって」いる。仕事の内容よりも仕事をした時間を重視することで、自分は仕事をしているんだと納得させている。やがて、忙しそうにしていることそのものが小さな快感になり、酔ってしまっている。

でも結局は、プライベートが充実していないことの逃げ道でしかない……。

空腹を感じた梅本は、ボサボサの髪を結んでパーカーを羽織り、サンダル履きで近所のスーパーに買い出しに出かけた。

この時間に家を出ると、ちょうど惣菜《そうざい》の値引きが始まるタイミングに当たる。しかも日曜日はライバルが少ないので狙い目だった。

道すがら、頭のなかから追い払おうとしても、今日を巡る小さな後悔が湧いてくるのを抑えられなかった。

自宅でまで、誰も見てさえいないのにダラダラ仕事をしたふりをしているくらいなら、思い切ってランチに行けばよかったのだ。

行きたいと思いながらなかなか行けない旅行も、続けたいと思いながら続かないダイエットも、安くない会費を払い続けているヨガ教室も、全部仕事のせいにして、まっとうできていない。かといって、仕事で自分を納得させられるほどの充実感が得られているわけでもない。

結局、何も続けられない。何も身になっていない。

同じ考えがぐるぐる回り、ちっとも前に進んでいない。梅本は、そんな自分自身を、いつも以上に調子がよくないと分析していた。

32歳。社会人になって10年、いまの会社に転職して6年がたった。「バリキャリ」と言われても、梅本には不思議と不快な思いはない。本当に嫌なのは、「バリキャリ」になろうとしているくせになりきれず、仕事に全力を振り向けられない中途半端な自分への苛立ちだった。

仕事を自力だけで構築できない。自信を持てず、責任も負い切れない。最後はいつも指示待ちで、激務に耐えることはできても、真の達成感は得られない。

いつまでたっても「なかなか仕事のできるかわいい女子社員」から脱却できない。自分には何かが足りないのだが、それが何かは、まだぼんやりとしかわからなかった。

スーパーの惣菜売り場は、予想通りカラフルな半額シールが貼られた「見切り品」が豊富にそろっていた。冷蔵ケースから出てくる冷気が寂しげだが、気分は少し和む。梅本は、チキンの載ったサラダと、野菜の煮物、煮魚をチョイスした。ジリジリと増え続けている体重を考えると、この時間から炭水化物を口に入れるのは憚《はばか》られる。運動で消費できない以上、摂取面でなんとかがんばるしかない。

フランスパン半分とカップスープも買ったが、これはあくまで明日の朝食用だ。

ついでに切らしていたビールや日用品を買い込み、航空会社と提携しているクレジットカードで払った。

せっかく貯めているマイレージは、いったいいつ消化できるのかを考え始めると、またネガティブ思考のスパイラルに落ち込み始めてしまう。

パートナーは、学生時代から続いていた相手と26歳で別れてからずっといなかった。当時は現在の会社に転職した直後で、必死にステップアップをしているつもりだった。だから、どうしても結婚を意識できなかった。

友人はひとり、またひとりと結婚していき、産休・育休を経験して職場に復帰する人もいれば、才能を活かして自宅でできる仕事を始めた人、専業主婦でがんばっている人など、実にさまざまだ。

もちろん、苦労も多いはずだが、どの友人も、一様に結婚生活と子どもの成長、つまり人生の大きな変化を正面から受け止め、楽しんでいるようだった。

梅本の母は、梅本の仕事にはあまり関心を示さない。もちろん、関心を持ちたくても、結婚して以来ずっと専業主婦として生きてきた母には、まったく縁遠い世界であることは間違いない。「そう、大変なのね」としかリアクションしてくれないのだ。

いっぽうで、母からの結婚や出産へのプレッシャーは年々重くなっている。いわく、近所の○○ちゃんは2人目を授かったとか、いとこの××ちゃんはハワイで結婚式を挙げるつもりらしい、とか。

フェイスブックやインスタグラムを覗いていても、あふれてくるのはそんな話題ばかりだ。ときどき、閲覧そのものが苦痛になってくる。

自分のような半端な悩みを、同世代のみんなも持っているのだろうか？　あったとしても、それはSNSには決して現れないのだろうか？

母が心配してくれている気持ちは、梅本には痛いほどわかる。決して焦っているわけではないけれど、もう恋愛のチャンスがないとは思いたくないし、機会があれば結婚も出産もしてみたい。

しかし現実は、どこにつながっているのかわからないいまが繰り返し続いていく、お粗末極まりない日々を生きている。

買ってきた煮物と煮魚を電子レンジで温め、食事を摂りながら、梅本は明日のプレゼン資料を見返してみた。

一応ひと通りの流れはおさえているが、現状分析や今後の課題、展望の論拠となるデータが質量ともに薄く、結論もぼんやりしている。だからといって、いまから資料を入手して精査分析し、挽回《ばんかい》、補強することは時間的に不可能だ。まさか週初から徹夜するわけにもいかない。

少しぼうっとして、時間が過ぎるのを待って、見切りをつけて寝てしまおう。準備不足がバレたら、素直に怒られればいい。

そう考えると、急にビールが飲みたくなってくる。

買ってきた食事では明らかに足りず、空腹感は満たされない。結局、30分前の考えを撤回して、朝食用のフランスパンも食べてしまう。一応、野菜、タンパク質、糖質という順番は守っているのだから、と、また自分に言い訳をしている自分がいじらしい。

こんな調子だから、ダイエットの決心も長くは続かない。そういえば、仕事を早く終わらせるきっかけを兼ねて始めた夜8時からのヨガ教室も、数回通っただけで休んでしまい、行きづらくなったままだ。30歳を過ぎてからは、はっきりと痩せにくくなった。体がかたくなって運動しにくい。いまさらテニスやマラソンというわけにも行かないだろう。

自分は何をしているのか。いったいどこまで中途半端なのか。どこに向かおうとしているのか。梅本は、深くため息をついた。

新たに上司としてやってくる部長は、梅本と同じ部署でいろいろと世話になっている大場の先輩だという。

ふだんはあまり他人の評価について語ることのない大場が、新しい部長については手放しで、身を乗り出さんばかりの勢いで褒めていたのが印象的だった。なにしろ、閉鎖寸前だった大阪支社の営業部隊を見事に立て直した中心人物で、社内の注目の的である。噂《うわさ》は、面識のない梅本の耳にも届いていた。

同じ大学の先輩で、入社当時から世話になりっぱなしで、優しくて後輩思いでダンディで、おまけに家族思いだという。

果たしてそんなスーパーマンみたいな人が、本当に存在するのだろうか？

プレゼン資料を軽く推敲《すいこう》して保存しなおし、えいっと覚悟を決めて、パソコンの電源を落としてしまった。

こうして、梅本の日曜は更けていった。

シーン1

会議室での衝撃

梅本は、案の定、会議の席上で準備不足を突っ込まれ、注意された。

それでも、昨晩の堂々巡りと比べれば、気分は決して悪くなかった。新部長の堀哲也は、必要最小限のポイントを指摘するだけにとどめ、梅本の気づきを促したあと、改善のアイデアを示し、とてもポジティブな言葉で、もう一度練り直すように仕向けてくれた。

この人を相手にごまかしは利かない。そう思うと、梅本の気持ちはむしろ晴れやかにさえなってきた。

よし、気合いを入れてつくりなおそう。そう心のなかで誓う梅本の様子を、大場は見逃さなかった。

午後1時から始まった会議は、4時間近くかかった割に、冒頭の担当役員、そして堀新部長の所信表明から、各自のプレゼン、目標の共有などにいたるまで充実していて、大場にはまったく長くは感じられなかった。おそらく、この場にいる誰もが、噂で耳にしていた以上の大物感を、堀の姿から感じていたに違いない。

会議の中味だけでなく、場をつくり、仕切り、盛り上げ、自分の気持ちを隠さず、みんなの気持ちを引き出す堀の見事な立ち振る舞いに、大場は感心するばかりだった。堀と話をするときはたいてい1対1だったから、20年近いつき合いでも、こうした場面を目の当たりにするのは久しぶりだった。

そして、準備不足を注意された後輩の梅本の様子が、少し気になった。素直で明るく、努力家だが、ふだんあまり怒られることのない仕事ぶりだから、少なからずショックを受けてはいないだろうか？

何より、自分の大切な先輩である堀に、万が一でもネガティブな印象を持たれては残念だ。

いずれ接する機会が増えればわかるはずだが、人事異動の初日のうちに手助けしてあげたい。堀が新たに任される部署は、統合の結果総勢50人近い大所帯となり、よほどの用件でもない限り、日常の業務のなかで、一般社員が堀に気軽に話しかけられる時間はなさそうだった。

会議が終わり、大場は梅本の様子をうかがった。目が合うと、梅本のほうから話しかけてきた。

「大場さん、堀部長と親しいんですよね？　さっき指摘された件、もう少しだけ細かく話を聞きたいんですが、私が直接話しかけてしまってもいいのか、ちょっと迷っていて……」


そういうことなら、大場にはお安い御用だった。雑談がてら、堀に梅本を紹介して、いろいろ目をかけてもらえるようにはからってもらえばいい。

しかし、堀はさっそく横にいた担当役員に捕まってしまっているようだった。会議室の席についたまま、資料を取り出している。何やら長い話が始まりそうで、こちらから話しかけられる雰囲気ではない。

しかもほかの参会者はどんどん会議室から出て行く。大場と梅本だけがその場に残るわけにも行かなそうだ。

「話が終わるまで、外で待っていようか」

大場は梅本をうながし、いったん会議室の外の廊下に出た。

「大場さん、ありがとうございます。助かります！　そういえば、堀部長って大場さんの大学の先輩だったんですよね？」

「じつは就職活動のときのリクルーターが堀さんだったんだよね。で、新人研修のときに再会して。それ以来ずっと世話になりっぱなしなんだ」

梅本は、大場の気持ちにウソがないことがよくわかった。

「堀部長、すごいですよね。私、今日初めて『動く堀部長』を見たんですけど、なんというか、たった数時間話を聞いただけで『この人のためなら何でもできる！』って思っちゃいました」

「そうなんだよ。でも、実際オレらが堀さんにしてあげられることなんて、何もないんだよ。結局してもらうばっかりで」

大場は、堀のくわしい経歴を梅本に語り始めた。

2年前、業績の悪化する会社でも、特に成績低下の著しい大阪支社の営業部隊を解散させ、売却できるものは譲渡し、残りはすべて本社からの出張でまかなうというアイデアが出たこと。すったもんだの挙句、堀に白羽の矢が立ち、堀の指揮下で3年かけてダメだったら支社は撤退すると決まった。その背景には、微妙な派閥争いも絡んでいた。

娘の受験を控えていたため、家族と離れて単身赴任で大阪に向かった堀だったが、予定の半分の年月で大阪支社の態勢を立てなおしてしまった。

突然現れた「東京モン」である堀に対して向けられた冷めた視線は、わずか1か月で尊敬の眼差《まなざ》しに変わったという。

とくに口を酸っぱくして繰り返していたのが、

「オレたちは何のために仕事をするのか？」

「責任はオレが取る！」

のふた言だったという。こうして部下の心に火がつき、誰も文句のつけようのない規模の実績を、1年半で達成してしてしまったのである。

もともと中堅のエースという呼び声の高かった堀は、これで出世レースを一歩も二歩も抜け出した。そして今日、東京に凱旋《がいせん》し、新たに統合された本社営業部隊のトップとして栄転してきたのだ。

「でも大場さんは、堀部長の素の姿もいろいろご存じなんですよね？」

「うん、そうだね。堀さん45歳だよ？　信じられるか？」

「一般的な45歳とはかなり違いますよね。ぜんぜん太っていないし、おしゃれだし、なんというか、身のこなし方がエレガントですよね」

「オレなんてすっかり太鼓腹で……。でも堀さんのあの感じって、昔からというより、歳《とし》を重ねるごとに強くなっているような気がするんだよね。とくに、大阪に行っていたこの2年間。東京に帰ってくるとたまに2人で飲んでいたんだけど、会うたびシュッとしてくるというか」
「太ってきたのは私も人のこと言えませんけど、でも、そんなことってありえるんですかね?」
「そうだろう? 東京に帰ってきたときは、高校生になった娘さんと一緒に買い物に行ってたらしいし、中学生の息子さんと朝5kmランニングするっていうんだから」

梅本は、気持ちがどんどんほぐれてくるのを自覚していた。とにかく大場の話しぶりから、堀が人間的にとても信頼できる人であることがわかったし、大場が間に入ってくれることで、堀との関係構築もスムーズに行きそうだった。

そんなにすごい人なら、できるだけ直接教えてもらいたい。いいところをどんどん盗みたい。

梅本の気持ちは、心の底から前向きになっていた。

会議室のドアが開き、担当役員が出てきた。しかし、笑いながら「じゃあ堀くん、よろしく頼む」と言い残してドアを閉めてしまい、当の堀は出てこない。

「あれ？　堀部長どうしたんですかね？」

「さっき出てくるとき、堀さんと本部長しか残っていなかったよな？」

大場と梅本は、そっと会議室のドアに顔を寄せた。向こう側の様子をうかがうが、取り立てて話し声も物音もしない。

2人は顔を見合わせた。

そして、大場は出し抜けにドアを開けようとした。

「ちょっと大場さん！　ノックしたほうが――」

梅本がそう言い終わらないうちに、大場はドアを開けてしまった。

2人の眼に飛び込んできたのは、上着を脱ぎ、会議室のカーペットの上で180度ぱっかりと開脚し、上半身を前に倒している、堀の姿だった。

シーン2

どこまで前屈できる？

（「驚異の前屈ストレッチ」の解説）

「見ぃーたぁーなぁ～」

開脚している姿を見られた瞬間、焦った表情を浮かべた堀だったが、すぐに気持ちを立て直して、懐かしいギャグを飛ばしてきた。それでも、やはり少々恥ずかしそうではある。

しかし、大場と梅本には、堀の渾身《こんしん》のギャグなどまったく耳に入ってこなかった。そもそも、開いた口がふさがらない。目の前にいろいろとツッコミどころがあり過ぎて、どこからつっこめばいいのかわからなくなってしまった。

「いやあ、マズイところを見られちゃったな！　ちょっと会議が長かったから、ほんの気分転換のつもりだったんだけど」

「気分転換って、先輩……なんで開脚してるんですか⁉　オレ、開脚している人、生で初めて見ましたよ！」

「堀部長、体やわらかいんですね。でも……こんなところに座ったらスーツ汚れませんか？　破けないんですか？」

「オレは、大阪で2つのものを得たんだ」

ゆっくりと立ち上がった堀は、笑顔でこう言った。

「まずは、大阪支社の仲間たちとの素晴らしい時間と実績。で、もうひとつが、かたかった自分の体の克服なんだよ。しかし、いきなりでびっくりしただろう？」

つねに明るく前向き。堀の表情は、まるで太陽のようだった。二の句が継げずにいる2人に、堀はこう続けた。

「君たちは開脚できるか？」

「いや、できるわけないでしょう！　梅本さんは？」

「私も全然……ヨガの経験は少しだけあるんですけど、なかなか体がやわらかくならなくて、結局続きませんでした。堀部長、すごいですね」

「そうでもないよ。オレも前はかたかったんだけど、あるきっかけで始めてみたら、1か月で開脚できるようになったんだ」


2人には、その言葉がまったく信じられなかった。


「いやいや、それは、先輩が自分で体がかたいと思っているだけで、実際は人より相当しなやかだからなんじゃないんですか？」

「大場、それがそうでもないんだよ。よほどのことがない限り、誰でも1か月、簡単なストレッチを続けるだけで開脚できるって言われたら、君たち信じるか？　正確には4週間だ。えーっと、君の名前はなんだっけ？　君はどう？」

「梅本です。いえ……失礼ですが、正直信じられませんし、自分ができる気もしません」

「先輩、オレなんて最近体がかたくて靴や靴下ははきにくいし、おまけに昨日は息子とサッカーしていたらコケるしで、まったく開脚なんて縁遠い話ですよ。あれって生まれつきかたいかやわらかいかで、できるかどうか決まっちゃうんじゃないんですか？」

するると、堀の表情が少しだけ本気になった。

「いや、それがそうじゃないんだよ。よし、まずは実感してみよう。大場、立位体前屈ってわかるか？」

「ああ、あの、整体なんかでよくやる、前かがみになって床に手がついたらすごいってやつですよね？」

「そう、それだよ。ちょっと2人ともやってみてくれ。梅本くんはパンプスを脱いだほうがいいかもな」

堀にうながされて、2人は資料を机に置き、並んで腰を前に曲げ始める。

「かかとをそろえて、足の先はちょっと開いて。そう。ひざをピンと伸ばして、曲げないようにしろよ。あと、ただの測定だからあまり無理するな」

大場も梅本も、床面はほど遠い。指先を目いっぱい伸ばしても、床とひざの中間くらいがやっとだった。


「きっつい……ちょっと先輩、ぜんぜん無理ですよ」

「よし、いいぞ。2人ともいまの位置をよく覚えておいてくれ」

「あの、堀部長、これがかんたんにつくようになるんですか？」


いぶかしがる梅本に向かって、堀は壁を指差した。


「壁、ですか？」

「そう。オレも最初、世話になった先生にこのストレッチを教えてもらって、体は自力でやわらかくできることを実感したんだよ」

レッスン1

驚くほど前屈できるようになる1分間ストレッチ

壁の前に立ち、両腕を前に伸ばして壁を押しながら、後側の脚をピンと伸ばし、ふくらはぎ、アキレス腱を30秒ストレッチ。反対側の脚も同様に。

- ❗ 伸ばしたほうのひざは絶対に曲げないように
- ❗ 両足のつま先はまっすぐ壁に向ける。横向きにならないよう注意
- ❗ 両足のかかとは床にピッタリつける
- ❗ 壁を力いっぱい押す必要はなく、体を支えることを意識する

2人は、堀に言われたとおり、壁を押しながら両脚を30秒ずつストレッチした。

「よし。いいだろう。じゃあ、さっきと同じように前屈してみよう」

すると、驚くべき効果があらわれた。2人とも、明らかに先ほどよりも体が前に倒れることを実感したのだ。指先が床に近づいた。思わず声が出る。

「すごいですね！　さっきと同じ位置だと、今度は全然苦しくないです」

「マジっすか。驚いたな。たった1分でここまで変わるんですね」

「そうだろう。オレも初めて体験したときは本当に驚いたよ。体がかたいのが昔から悩みで、ある動画を見たことがきっかけだったんだけど――」

堀は、ふと我に返った。

「いや、ちょっと待てよ。あいさつ回りに行かなきゃいけないんだった！　そういえば君たち、なんの用件だったたんだっけ？」

「先輩、梅本さんが、さっきの会議のあといろいろ考えているところがあって、忙しくなる前に、ちょっと先輩にアドバイスをしてほしかったんです。そうしたら、いきなり開脚していたからびっくりして……」

「そうなんです。会議でご指摘いただいたこと、自分にはとても重いテーマに結びついたんです。そこで、いくつか堀部長に教えていただきたいことがあったんですけど、気づいたら前屈していました」

「そうだったのか。それは悪かった。なんでも聞いてくれよ。じゃあ、夜またこの会議室で、じっくり続きをやろうか」

7時半に再び集合することが決まり、堀は上着を羽織ってさっそうと会議室をあとにしていった。

シーン3

心に開脚の火をつけろ！

（「驚異のペアストレッチ」の紹介）

夜7時半、再び3人は会議室に集まった。堀は忙しいなかどこで買ってきたのか、冷えた缶ビール半ダースとつまみを用意していた。大場はあらためて梅本のキャリアと仕事ぶりを堀に紹介し、梅本は自分の仕事上の悩みとその乗り越え方を堀に乞うた。堀はときに話を引き出し、ときに励ましながら、ひと回り以上年齢のちがう部下に、的確なアドバイスを与えていった。

梅本の表情がどんどん明るくなっていくことに、大場は心から安心し、感服した。やっぱり先輩はすごいな。あとは彼女なら、放っておいても自分でテーマを見つけて、勝手に成長していくはずだ。

本題が一段落ついたところで、大場は昼間聞けなかったことを質問してみた。

「で、先輩、なんでわざわざ大阪に乗り込んだ矢先に、体がかたいことを気にしていたんですか？　そんな話、してくれたことありましたっけ？」
「いや、すごく個人的というか、オレなりにこれでも昔から悩んでいたんだよ」
「堀部長、大阪ではとてもお忙しかったんですよね？　なのにわざわざ開脚をがんばる必要ってあったんですか？」

梅本は核心を突く質問を投げた。すると堀は少し間をあけて、こんな話を始めた。

「2年前、単身赴任で大阪に行ったときは、オレなりにプレッシャーを感じていたんだよ。結果が出たいまじゃ、みんな手放しでほめてくれるけれど、赴任当初は、正直自信の何倍も不安のほうが大きかったんだ」

大場も、思わず身を乗り出して聞き入ってしまう。

「このプレッシャーを乗り越えてこそ、新しい自分が見えてくる。そう考えたとき、何か別の支えというか、精神的な成長がほしいと強く思ったんだよ。それが、唐突に感じられるかもしれないけれど、オレにとっては開脚だったんだ」
「そこがいまいちわからないんですよ。先輩、なんでまた開脚だったんですか？」

堀は、少し照れくさそうに話を続けた。

「元の話をすると、昔、好きだった女の子が体操部でさ。本当にきれいな身のこなしをしていたんだ。成績も優秀で凛《りん》としてて、憧れだった。オレはバスケ部で、いつも体育館で彼女の練習する姿を見ていたんだけど、準備体操をするときに、あっさりと、しなやかに開脚しているのが強烈に印象に残っているんだよね。オレは開脚どころの話じゃないくらい体がかたくて、彼女はとても遠く感じられた。それが、当時の自分には大きなコンプレックスになってしまったんだ」
「で、堀部長、結局その女の子にはアプローチしたんですか？」

郵 便 は が き

料金受取人払郵便

新宿北局承認

7544

差出有効期間
平成30年10月
31日まで
切手を貼らずに
お出しください。

169-8790

154

東京都新宿区
高田馬場2-16-11
高田馬場216ビル 5 F

サンマーク出版愛読者係行

ご住所	〒　　　　　　　　都道府県	
フリガナ		☎
お名前		(　　　)
電子メールアドレス		

ご記入されたご住所、お名前、メールアドレスなどは企画の参考、企画用アンケートの依頼、および商品情報の案内の目的にのみ使用するもので、他の目的では使用いたしません。
尚、下記をご希望の方には無料で郵送いたしますので、□欄に✓印を記入し投函して下さい。
□サンマーク出版発行図書目録

1 お買い求めいただいた本の名。

2 本書をお読みになった感想。

3 お買い求めになった書店名。

市・区・郡　　　　町・村　　　　書店

4 本書をお買い求めになった動機は?

・書店で見て　　・人にすすめられて
・新聞広告を見て(朝日・読売・毎日・日経・その他＝　　　)
・雑誌広告を見て(掲載誌＝　　　)
・その他(　　　)

ご購読ありがとうございます。今後の出版物の参考とさせていただきますので、上記のアンケートにお答えください。**抽選で毎月10名の方に図書カード(1000円分)をお送りします。**なお、ご記入いただいた個人情報以外のデータは編集資料の他、広告に使用させていただく場合がございます。

5 下記、ご記入お願いします。

ご職業	1 会社員(業種　　)2 自営業(業種　　) 3 公務員(職種　　)4 学生(中・高・高専・大・専門・院) 5 主婦　　6 その他(　　)		
性別	男・女	年齢	歳

ホームページ　http://www.sunmark.co.jp　ご協力ありがとうございました。

梅本は、遠慮無くツッコミを入れる。

「それが、とうとう何も言い出せなかった。親しい友だちにも言えなかったよ。いま考えればバカみたいだけど、そのころは本気で、本気すぎるからこそ距離を感じてしまっていたんだと思う」

「でも先輩、それだけだったらただの青春の淡い思い出でいいじゃないですか。なんでいい大人になってから、しかも伸るか反るかの勝負をかけるときに、わざわざ開脚しようと思ったんですか？　だいいち、もう素敵な奥さんとかわいらしいお子さんもいらっしゃるじゃないですか」

大場はどうしても腑に落ちなかった。

「まあ、そうだよな」。堀の表情が、少し仕事モードに戻った。

「体操部の彼女のことはさておき、できるだけわかりやすく言うと、できないことをそのままにしておくことが、あらゆるシーンで自分自身を超えられない原因になっているんじゃないか。だからこそ、支社の立て直しという目の前の大きな壁を見上げて恐れてしまっているんじゃないか。オレはそう考えたんだよ。あのときときれいに開脚していた彼女は美しくて、体のかたいオレはダサかった。そのときの思いが、自分の考え方やモノの見方にも知らない間に影響を与えていて、ふとピンチに追い込まれたときに出てきてしまうんだよ」

梅本には、この言葉が響いたようだった。

「そう言われると、私にも少しわかる気がします」

「だろう？　そのとき、たまたまネットで話題になっていた動画を知ったんだ。『体が硬い人でも必ず開脚が出来るようになるストレッチ方法』というムービーで、100万回以上再生されていた。何かの縁かと思って、繰り返し見たよ。もしオレもこれで開脚ができるようになれば、大きく自分を超えられるかもしれないと思って、先生の門を叩いてストレッチを始めたんだ」

大場は堀と20年近いつき合いだが、今日は初めて聞く話ばかりだった。

「そうはいっても、そのときの先輩だって、今日のオレたちよりは体がやわらかかったでしょう？」

「いや、ほとんど変わらないか、もっとひどかったかもしれないな」

「だったら、開脚したい、ストレッチをやろうと決心して、すぐに開脚ができるようになるというリアリティを感じられました？」

「それは、迷わなかった。さっきの立位体前屈のストレッチと似ているんだけど、オレが先生から最初に教わった開脚のストレッチをしてみたら、びっくりするくらい脚が開いたんだよ。ちょっとやってみるか？　でも床に座るのはイヤだよな……」

「ああ先輩、前に花見のときに使ったレジャーシートがあったはずです」

大場は、数枚のレジャーシートを持ってきた。

「よし、じゃあ大場が実験台な。お前、そのパンツはサイズに余裕あるだろう？　梅本くんはよく見ていてくれ」

大場は広げたレジャーシートの上に座った。

「まず、いきなり開脚してみろ。昼間と同じ要領で、まずどこまで開くかチェックしてみよう」

「またいきなりですか。いや、痛いっすよこれ。ひざをピンと伸ばそうとすると、かなり厳しいです」

大場の脚は、いいところ90度くらいしか開かなかった。それ以上開こうとすると、どうしてもひざが曲がってしまう。

「よし、痛気持ちいいくらいのところで止めておけよ。その体勢で、上半身は前にどのくらい倒れる？」

残念ながら、大場の上半身は、倒れるというよりはちょっと前に傾くかどうか、といった有り様だった。大場は慌てて手を床につく。

「わかった。じゃあ、また1分間、今度は別のストレッチをやってみよう。びっくりするくらい開くようになるぞ」

レッスン 2

驚くほど脚が開くようになる1分間ペアストレッチ

①開脚する人と補助する人の2人1組で向かい合う。ストレッチする側は、できる範囲で開脚し、腕を前に伸ばす。補助する側は、その腕を手前にゆっくり引っ張る。

②ストレッチする側は、引っ張ってもらっているのとは反対側（背中側）に倒れるように力をかける。これを1分間行う。

❗ひざが曲がらないように注意する

大場の腕を堀が軽く手前に引く。大場はそれとは正反対の方向に上半身を倒す。

梅本が少し心配そうに様子をうかがう。「大場さん、痛くないですか?」

「いや、上半身は意外と大丈夫だよ。先輩、これって一見上半身を伸ばしているようで、実際は脚の裏側が伸びるんですね」

「おっ、早速つかんできているじゃないか。お前才能あるぞ」

1分間のストレッチが終わり、大場は再び開脚を試みた。するとどうだろう、ほんの数分前よりも、ずっと脚が開くようになり、体も前に倒れたのだ!

「えっ、たったあれだけのストレッチで、ここまで開くようになるんですか?」

「大場さん、あきらかに体がやわらかくなったように見えますよ!」

堀は、興奮する2人を見て、とても満足そうだった。

「このストレッチ、いまみたいにペアでやるとやりやすいんだけど、ひとりでやる方法もあるんだよ。オレも単身赴任だったから、ずっとひとりでやっていたしな」

「じゃあ先輩は、家で毎日こういうストレッチを続けていたんですか？」

「そう。ストレッチは、とくに始めたばかりの時期は、毎日続けることに大きな意味があるんだよ。いまこの瞬間、大場は前よりも体がやわらかくなっているけれど、このあと何もしなければ、すぐに元のかたさに戻ってしまう。とにかくはじめのうちほど、継続してストレッチを続けることが大切なんだ」


堀は、まるで仕事のアドバイスをしているかのような表情をしていた。


「堀部長、このストレッチは、まさか堀部長が考えたわけではないですよね？」

「もちろんさ。さっき話した『開脚動画』の作者、Ｅｉｋｏ先生に教えてもらったんだ」

「教えてもらったって、先輩、動画を見ただけじゃなくて、直接会って教えてもらったんですか？」

「そうさ。これだ！　って思って調べたら、Ｅｉｋｏ先生は偶然にも大阪でヨガを教えているインストラクターだったんだよ。これも何かの運命じゃないか。Ｅｉｋｏ先生はヨガのクラスを開いていたから、さっそく参加してみたんだ。女性ばかりのクラスで恥ずかしかったけどな」

堀は笑いながらも、当然のような顔をしていた。東京に戻ってきたいまも、Ｅｉｋｏ先生のＤＶＤを見ながら復習しているという。

ヨガ教室に通った経験のある梅本は、その雰囲気がよく理解できた。

「私も一瞬ヨガ教室に通った経験があるんですけど、堀部長みたいな方がいると、正直浮かなかったですか？」

「まあね。確かに、男はオレひとりだったことも多かったよ。でもそれ以上に、Ｅｉｋｏ先生ももともと体がかたいのを悩んでいた方で、オレのコンプレックスと通じるところがあったことに助けられたし、とにかく新しい世界への関心を失わないようにしつつ、過去の自分を超えていくことに夢中だったからな。案外気にならなかったよ。

話し好きの友だちもできたしな」

「それで、先輩は今日のオレみたいな状態から、本当に1か月で開脚ができるようになったんですか?」

「そうだよ。最後は教室でみんなに見せて、拍手してもらったよ!」

堀は、少し遠い目をしているように見えた。

「いま考えると、あのときやり通したこと、そしてオレにとっては結構重いコンプレックスをクリアしたことが、大阪での仕事のモチベーションをすごく高めてくれたと思うんだ。だから、Eiko先生と大阪のヨガ教室のクラスメイトには感謝しているんだ」

大場は、それでもまだ、自分と結びつけては考えられないようだ。

「でも、先輩は見た目もスリムだし、スポーツ全般が得意じゃないですか。開脚だって、先輩だからそこまでスムーズに達成できた、っていうことは本当にないんですか?」

「そう思うだろう？　でも、Ｅｉｋｏ先生いわく、多少の個人差はあっても、誰でも、かならず開脚できるっていうんだ。たとえば、いまお前が１００ｍ走るのに14秒台のタイムがかかるとして、残念ながら今後どんなに努力しても９秒台で走れるようにはならないよな？」

「それはまあ、絶対に無理でしょうね」

「だろう？　でも開脚っていうのは、見た目のインパクトがド派手なのに対して、運動としてそこまで高いレベルを要求されるものじゃないらしい。継続的に取り組めば、ほとんどの人ができるようになる。もちろん個人差はあるけどな」


まだ2人は半信半疑のようだ。その様子を見た堀が畳み掛ける。

「ちなみに、開脚ができるようになると、個人的なコンプレックスの克服や前向きな気分になれること以外にも、たくさんいいことがあるぞ」


堀はそう言って、まるで新商品のプレゼンのように、ホワイトボードをつかって開脚の効果を説明し始めた。

①ダイエット効果、アンチエイジング効果
②ケガの予防
③脚のむくみ改善、脚の引き締め
④全身のバランスが整い、お腹が引き締まる
⑤股関節が正常の位置に戻り、いためにくくなる
⑥O脚やX脚の改善にも効果あり
※骨盤がずれている人や腰やひざ、股関節に痛みのある人は、医師に相談の上で行ってください。

ズラッと並んだ魅力的な開脚の「副産物」に、2人は目を奪われた。

「先輩、確かに大阪で痩せましたよね！　オレは反対に最近腹が出てきちゃって……」

「オレはこの2年で、5キロ痩せたよ。会社の連中はみんな『体をすり減らして支社の再建に没頭されたんですね』とか言ってるけれど、じつをいうと、開脚のおかげだったんだよね」

「確かに、先輩は前よりもシュッとしたし、なんていうか、身のこなしが優雅になった感じがしていたんですよね。そうか、開脚がその秘密だったのか」

「すごいですね。開脚ってそんなにいいことがあるんですね！」

梅本の言葉を待っていたかのように、堀は2人に向き直ってこう言った。

「梅本くんも、大場も、いろいろ悩んでいることはわかった。どうだ？　偶然見ちゃったのも何かの縁だし、4週間、開脚をがんばってみるか？」

冗談めかした言葉とは正反対に、堀の表情は真剣そのものだった。

「うーん先輩、でも、オレに続けられるかな……無理っぽい気がします」

「私も……習い事とかスポーツクラブとかいろいろ手を出しているんですけど、最後までやり切れたためしがないんですよね」

「できるかどうか、無理かどうかじゃないんだよ」


堀は立ち上がった。

「できるかどうか、無理かどうかじゃない。やるか、やらないかしかないんだよ。向いているかどうかとか、結果的にできるかどうかが大切なんじゃない。問題は、気持ちなんだ。オレはそう思っている」


堀の言葉の力強さ、そして人を納得させてしまう話術。2人の心に、火がついた。

「先輩、オレ、やってみます！」「私もやります！」

「よーし！　そう言ってくれると思っていたよ！　たかが開脚だけど、体がやわらかくなるだけじゃなくて、かならず気持ちまで変わってくる。オレが保証する」

2人は、あらためて堀のカリスマ性に引きこまれてしまった。そうか、先輩はこうして部下の力を引き出そうとしているのか。まず身近な目標を認識させ、やらせてみる。大場は、堀がなぜ管理職として結果を残しているのか、ひとりで納得していた。

シーン4

開脚4週間プログラムの全貌

「じゃあまず、Eiko先生直伝の開脚4週間プログラムの全体像を説明しよう」

堀はホワイトボードの文字を消し、プログラムの説明を書き始めた。

【開脚4週間プログラム】

▼基本のストレッチ1／タオルストレッチ

▼基本のストレッチ2／シコストレッチ

▼1週ごとに変わるストレッチ×4種類

1週目／内ももストレッチ↓

2週目／壁ストレッチ↓

3週目／椅子ストレッチ↓
4週目／ドアストレッチ↓開脚達成！

「まず、開脚ができる、つまり脚がうまく開いて両ひじが床につくこととは、突き詰めれば脚の裏側全体、そして足首やひざがやわらかくなっている状態なんだ」

「たしかに、さっきのストレッチも、結局脚の裏側が伸びている感覚がありました」

「だろ？　だから突き詰めれば脚の裏側をやわらかくすればいいわけだけど、これから説明する4週間のプログラムは、理にかなっていて、かつ時間効率のいい手順だと理解してほしい。なんといっても、早く成果を得られたほうがいいしな！」

梅本は、さっそくまじめさを発揮して、慌ててデスクに手帳を取りに戻り、詳細にメモを取り始めた。

「つまり、プログラムは1週間ずつ4種類にわかれていて、基本のストレッチ1と2

は毎週共通、そこに週替わりのストレッチが1種類加わるということですね」

「そうだ。都合、毎日3種類のストレッチを行うことになる。具体的な方法を解説するな。まず、基本の2つのストレッチから行くぞ。梅本くんもためしてみるか？」

「はい、やらせてください！」

「よし！　じゃあ大場、動きやすいようにベルトを外せ」

きょとんとしている大場を尻目に、堀も突然ベルトを外し始める。

1 タオルストレッチ

片足の裏側にハンドタオルをかけ、ひざをピンと伸ばしたまま両手でタオルを頭の方向に引っ張り、脚を揺すりながら30秒間キープ。反対側の脚も同様に。

これはNG

ひざが曲がってしまうと十分なストレッチにならない。きつければバスタオルやひも、ベルトなどの長いものをつかって行って。

これでもOK

きつければ、はじめのころは脚を引き寄せられなくてもOK。ただし、ひざはピンと伸ばすこと。

4週間〝毎日やる〟ストレッチ

2 シコストレッチ

太ももを
後ろに押す
上下に
小刻みに
20回揺する

①ひざを外側に向け、脚を肩幅の倍程度開いてお尻を落とし、両手をひざ近くの太ももの内側に置く。

②上下に小刻みに20回ほど揺する。

③次に肩を片方ずつ内側に入れ、同時により強く腕で太ももを押し、脚のつけ根と背中をストレッチ。

これでもOK

きつければ、はじめのころは腰を落としきれなくてもOK。

「以上2つが、開脚できるまでずっと繰り返す、基本のストレッチ2種類だ。これはベンチマークも兼ねている。つまり、開脚の完成に近づけば近づくほど、タオルストレッチは脚がより頭よりに倒れるようになるし、シコストレッチはよりお尻を深く落とせるようになるわけだ」

大場は早くも少し息が上がっているが、梅本は楽しそうだ。

「わかりました。このあとに、週替わりのストレッチが加わるわけですね」

「そう。まず、1週目の説明をするぞ」

毎日
かならずやる
基本の2つ

1 タオルストレッチ

2 シコストレッチ

＋

3 内ももストレッチ

片ひざを立て、屈伸運動の要領で、片脚ずつ揺すりながら 30 秒間伸ばす。反対側も同様に。

これはNG

ひざが曲がってしまうとしっかり伸びない。

これでもOK

かたい人は、かかとが上がってしまっても OK。

▶▶▶ 最後に開脚をしてどこまで伸びるかチェック！

「先輩、確かに難しくはないけど、実際結構きついですね」

「本当ですね。でもきついっていうことは、それだけ効いているということなんですよね？」

「梅本くん、その通り。とくに2人ともいまは体がかたい状態だから、最初の1週間はとりわけきつく感じるはずだ。じゃあ、全般的なポイントをまとめるぞ」


【ポイントと注意点】

▼服装……動きやすい服装で。ウエストがゴムで伸縮性のあるパンツがベスト
▼場所……床面が適度にやわらかい場所がベスト。布団やヨガマットが最適。ベッドはやわらかすぎてやりにくいのでNG
▼いつやるか…ベストのタイミングは体が温まり、柔軟性がより増している入浴後
▼呼吸……息は「フー」ではなく、「ハー」と吐きながら、体のなかにこもった熱を逃がすイメージで

❗注意点……どのストレッチにおいても、自分を「追い込み」過ぎないように気をつける。ケガをしては本末転倒。最大限を攻めようとせず、感覚としては「70％」くらいのところでストレッチをかける。最初のうちはできなすぎて無理をしがちだし、いざ体がやわらかくなってくると楽しくなって知らないうちに追い込んでしまうので気をつける

「いいかな？　最後に、４週間後の目標だけど、お尻を床につけて脚を開き、上半身を前に倒してひじをぴったり床につけられることをゴールにしよう」

堀はそう言って、再び開脚を披露した。脚が開き切り、上半身が無理なく倒れてひじが床にくっつく。

「すごいな先輩。つまり、この状態を目指すわけですね」

「そう。オレは上半身すべてをべったり床面につけることもできるけれど、これで世間一般には十分開脚と見てもらえるよな」

「もちろんです。堀部長の動き、本当にしなやかですね。体操選手みたいですよ」

「ありがとう！　今日のところはここまでだな。２週目以降のストレッチはまた説明するよ。ところで、何か質問はあるか？」

「先輩、オレ、見ての通りけっこう太ってきちゃったんですけど、開脚に悪い影響はないんですか？」

「ぜんぜん問題ないよ。Ｅｉｋｏ先生に言わせると、たとえばシコなんてお相撲さんが踏んでいることじゃないか。彼らのなかには、百数十kgの体重があっても開脚できる人がいるそうだよ。要するに、開脚できるかできないか、体がかたいかやわらかいかと、体重や脚の太さ・細さは関係ないってことだ」

大場はうなずいた。

「よーし。じゃあ来週の今日、この場で効果測定を報告してもらう。各自、健闘を祈るぞ。以上、今日は解散！」

堀は満面の笑みで言い放った。

「はい！」

大場と梅本は同時に、やる気に満ちた表情で返事をした。

シーン5

それぞれのチャレンジ（1週目の実践）

「マジか！」

天井に向かって脚を上げようとした大場は、脚ではなく思わず声を上げてしまった。正直、痛い。自分の体がいかにかたいかと、がく然とする。

火曜日、早めに帰宅してそそくさと食事を済ませ、風呂から上がった大場は、さっそく布団を敷いてタオルストレッチに取り組んでいた。

堀と出会ったのは、21歳の就職活動のとき。入社4年目の、同じ大学出身のリクルーターだった。

いまはもうなくなってしまった会社の近所の喫茶店で、なぜかメロンフロートを飲みながら、じつに楽しそうに当時取り組んでいた仕事の話を聞かせてくれた。大場は、迷うことなくいまの会社を第一志望にした。

以来、つねに堀は自分の何歩も先を歩いているすごい先輩であり続けた。それは、大場にとってあらためて考えるまでもないくらい、自然で当たり前のことだった。

大場は、今回の話を聞くまで、なぜ堀がすごいのか、いつまでも輝いているのかを掘り下げて考えたことはなかった。

もし堀が、同期生であればちがったのかもしれない。しかし、どんなにすごい人であろうと、先輩なのだから自分より優れていて当然という思いが、その思考をさえぎっていた。

今回は、先輩の思いを体で体感してみよう。それが、大場の心のなかでの、開脚の裏テーマだ。


「うっ、痛い！」

だが、かんたんではなかった。ひと通り教えてもらったはずのストレッチだが、いざ始めてみると、これで本当に合っているのか確信が持てない。聞いた話をまだ体が覚えていないのだ。

タオルストレッチでつかっているのは、長いバスタオルだ。初めはハンドタオルで試してみたが、いきなりはとんだ背伸びだった。

バスタオルに切り替えたものの、どこまでストレッチをかければいいのか感覚がつかめず、つい攻め過ぎてしまう。

今度はシコストレッチだ。お尻が全然下がらない。テレビで見るお相撲さんがいかに偉大なのか、こんな形で実感するとは思わなかった。

「ねえお父さん、何やってるの？　お相撲するの？」

寝る直前の翼が、大場の突然の変化を目ざとく見つけ、不思議そうな顔をして覗き込んできた。

「ぼくもやるー」

見よう見まねで、翼もシコストレッチを始める。大場よりずっとお尻が落ちる。やはり子どもは体がやわらかい。

「お父さん、寝るね。今度はケガしないでね」

息子の言葉が身にしみる。父は再び偉大なドリブルを君の前で見せようじゃないか！

しかし、現状はなかなかの情けなさだった。本当にこれで開脚ができるようになるのだろうか？

その1時間後。堀にあらためて提出する資料づくりのため軽く残業したあと帰宅した梅本は、食事と入浴を済ませたあと、クローゼットの奥にしまい込んでいたヨガマットを久しぶりに引っ張りだした。

以前、数回で放棄してしまったヨガ教室に通っていた際、まずはカタチから入ろうと奮発して買った高級マットがこんな風に役立つ日が来ようとは、想像もできなかった。

タオルストレッチは、脚が45度も上がらない。シコストレッチは、お尻が全然落とせないだけでなく、日々の運動不足がたたって脚がぶるぶる震える。ストレッチを加えることが大切なのは頭ではわかっているのだが、情けなさと恐怖感でなかなか前向きな感覚が得られない。

そのうえ、ゴールに本当に近づいているのか、どうしても現段階では実感が持てないのだ。

自分の体がかたいことは、頭ではわかっていた。しかし、これほどまでに何もできないとは。梅本は、ちょっと情けなくなってきた。そもそもなんで開脚を目指し始めたのか、わからなくなってくる。

ひとり暮らしの自分はまだしも、大場はもっと大変だろう。いきなりストレッチなんか始めて、家族に笑われていないだろうか？

翌日、会社でさっそく大場を捕まえた梅本は、率直な感想を聞いてみた。

「大場さん、どうです？　うまくやれてますか？」

「いやぁ、ひと言で表現するなら、『無理ゲー』だよ。息子にはまねされるし、奥さんには笑われるし」

「あ、やっぱり。そうなんじゃないかと思ってましたよ。でも、どうやったら開脚に近づいている感覚を持てるんですかね？　このままだと、どうしてもただの修行でしかない感じがしてきて……」


　2人が立ち話しているのを見つけた堀が、笑顔で近づいてきた。


「こら！　君たち、就業時間中に仕事に関係のない話ばかりしてたらダメじゃないか」

「先輩、なんでわかっちゃったんですか？」

「君たちの顔に書いてあるよ。『もうやめちゃおうかな』って」

「うわっ、否定できませんよね、大場さん」


　梅本も、月曜夜の会議室とは打って変わって弱気になっている。

「前にも言ったと思うけれど、開脚はやり始めの時期がいちばんきついんだよ。２人とも、まずはそこを越えることだけを考えてみたらどうだ？　いまはとにかく、毎日続けることだ」

「そうですよね。ただ、どうすればゴールに近づいているのかがなかなか実感できないのが苦しくて……」

「なるほど。いくつか可視化する方法があるよ。たとえば、最初に体験してもらった立位体前屈や、座った状態で上半身を倒し、足首をつかむ『長座』なんかだと、いま自分の体がどのくらいやわらかくなっているかが測れる。ベタだけど、柱にメジャーを貼っておいて、毎日ストレッチが終わったあとに数字をつけてグラフ化すると『見える化』できる。梅本くんはそういうの得意だろう？」

「はい、確かに！」

「あとは、スマホで動画を撮るというのも悪くないな。いつも同じ場所でストレッチするようにして、スマホも同じ場所から撮影すると、同じストレッチでも、昨日より今日、今日より明日のほうがやわらかくなるのがわかるぞ。大場のところには、子どもさんのサッカーを撮影するビデオカメラがあったんじゃなかったか？」

「あ、よくご存じで」

「そういうのをうまく活用して、効果を実感し、自分を励ますことが大切だな。続けることの難しさを体で実感できる機会なんて、ビジネスパーソンになったらなかなかあるものじゃない。貴重な経験ができていると素直に喜べばいいと思うよ」


さすが先輩だ。大場はあらためて、堀のリーダーシップの凄さを感じていた。


「そうそう、そういえば連絡があって、来週月曜にＥｉｋｏ先生が講演で東京に来るんだよ。お礼も兼ねておいしいお店にご案内するんだけど、もし都合が合えば、君たちも一緒に会ってみないか？」

「わ、ぜひお目にかかりたいです！」

「マジですか？　直接指導してもらえたりするんですかね？」

「そうだな。じゃあ、ぜひ会社に来てもらうことにしよう。２人とも忘れずに着替えを持ってこいよ」

シーン6

「開脚の女王」との出会い

（2週目の解説）

翌週の月曜。夜の会議室では、約束通り、1週目のメニューを終えた大場と梅本の効果測定が行われていた。2人とも、明らかに先週よりも伸びている。

「よし、いちばん厳しい1週目、よく耐えたな！　十分開脚に近づいているから、このままの調子で続けていこう」

2人の表情が明るくなった。そして大場は、堀の言葉を二重の意味で楽しんでいた。先輩は、昔から本当にほめ方がうまい。きっと多少は「盛って」話してくれているんだろうけれど、それを意識しなくなるほど気持ちがあたたかくなる。

本当に堀が東京に帰ってきたこと、そして、思わぬ形で体のかたさを克服しようとしていること。大場は、身近に信頼できる先輩がいることの幸せをかみしめていた。

すると、堀の携帯が鳴った。Eiko先生が受付に到着したという。すでに着替えてしまった2人は会議室に残り、堀がひとりで迎えに行く。

「大場さん、堀部長って、本当にほめ上手というか、話しているだけでますますがんばろうっていう気持ちが湧いてきますよね」

「そうなんだよ。あの人のああいうところ、昔からぜんぜん変わらないんだ」

堀とEiko先生がやってきた。Eiko先生は、話題になった動画で見るよりも2人の目にはいっそう華奢《きゃしゃ》に映った。

「はじめまして！　お2人なんですね、堀さんのウワサの愛弟子《まな》というのは」

「大場と申します。愛弟子というよりは、出来の悪い部下なんです。どうぞご指導よろしくお願いいたします」

「梅本です！　先生、めちゃくちゃ細いですね」

「ありがとうございます。先生が太っていたら、開脚にダイエット効果があるとか言えないですからね。本当は食べるの大好きなんやけど」

堀は、Ｅｉｋｏ先生に２人のこれまでの経緯を話し、指導を乞うた。まずＥｉｋｏ先生は、開脚のためのストレッチの基礎を語り始めた。


「そもそも、体がかたくて開脚ができないという状態は、股関節も、その周辺の筋肉も固まっているわけなんです。お２人が１週目にしてきたストレッチは、まずそこをほぐす動作だったんですね。結構きつかったでしょう？」

「はい、正直言って死ぬかと思いました」

「私も、どうしても慣れなくて、何度も諦めそうになりました」

「よくわかります。いまは私もえらそうに指導していますけど、じつはもともと体がかたかったんです。かたいくせにインストラクターになったんですよ」

「君たち信じられないだろう？　でも、これは本当の話なんだよ。どうだ、せっかくだから、まず本物の美しい開脚を見せてもらわないか？」

堀にうながされ、Ｅｉｋｏ先生は着替えを済ませた。そして、プロの開脚を披露した。

「すっげえ……この世のものとは思えないですね」

「きれい！　鳥みたいです。同じ人間の動作だなんて、ちょっと信じられませんよ」

　２人がため息混じりの歓声を上げると、Ｅｉｋｏ先生は立ち上がり、話し始めた。

「でも、開脚できることそのものには、美しいとかすごいとかいうこと以上に、いろいろなメリットがあるんです。堀さんにもお話ししましたよね？」

「ええ、２人にもかんたんに話しましたけど、ぜひくわしくＥｉｋｏ先生の言葉で聞かせてやってください」

「まず、ダイエットですよね。開脚のためにストレッチを続けて体がやわらかくなると、基礎代謝が上がりますし、血行もよくなります。堀さんみたいにアンチエイジング効果も期待できますよね」

「やっぱり。先輩のその年齢不詳感は開脚のおかげだったのか」

　大場は納得の様子だ。

「梅本さんは、冷え性はありませんか？」

「あります。冬場はもちろんなんですけど、この会社、夏も冷房が強くて……ねえ、大場さん」

「血行がよくなると、冷え性も改善されますから、今年の夏は、大場さんと設定温度の上げ下げ争いをせずに済むかもしれませんね」

「僕も同時に痩せますから、きっと設定温度は高めで大丈夫ですよ」


大場は苦笑した。


「次に、ケガの予防です。体がやわらかい人ほどスポーツ中にケガはしません。ひざ関節や股関節がかたいと、太ももの肉離れなどを起こしやすくなってしまいます」

「あ、大場さん、まさにこのパターンじゃないですか！」

「そうなんです。先日息子とサッカーをしていて、本気を出した途端転倒してしまいました」

「開脚に近づけば、そういうことも改善されますよ。でも梅本さん、きっと女性のほうが開脚で得られるメリットは多いかもしれませんよ」

「本当ですか？」

「血行の改善で脚のむくみや引き締めに効果がありますし、股関節が本来の位置に戻ることで、O脚やX脚の改善にも効果があります。そして、体がやわらかくなることで体のゆがみが矯正できるから、骨盤の上に背骨が正しく乗ることになります。すると上半身と下半身のバランスが整い、体が安定して、お腹周りが引き締まるんです」

「わー、いいことだらけですね！」


梅本はこう言ったあと、小さな声で続けた。


「先生、じつは私、O脚なんです――」

「だったら、シコストレッチがとてもいいですよ。あれって本来はケガ予防の意味が大きいんですが、お相撲さんにはO脚がいないことの理由でもあるんです」

「確かに、O脚のお相撲さんって見たことないなあ」

すかさず大場が割り込んでくる。

「股関節がやわらかくなると、歩幅も伸びますから、ランニングをしている人にも効果的ですよ。そうそう、ずっこけたりもしなくなりますよ、大場さん」

「参ったなあ。でも先週は大怪我しなくて本当によかったです」

「2人とも勉強になるだろう?」

堀は早くも満足気だ。

「先生、開脚は誰でもできるという根拠を、ぜひ2人に教えてやってほしいんです」

「ええ。いちばんわかりやすいのは、ここにいる誰もが、昔は特に努力することもなく開脚できていたはずなんです。もちろん大場さんも、梅本さんもですよ」

「えっ? 私、スポーツは苦手で、そんな記憶は一切ないんですけど」

「まさにその、記憶がないころの話です。人間は、赤ちゃんのころなら誰でも360

度股関節が回ります。赤ちゃんって体がやわらかいでしょう？」

「確かに。うちの翼もふにゃふにゃで、M字で寝てたもんなあ」

「でも、3歳くらいから、動かさない関節は、関節自体も、周辺の筋肉もだんだんかたくなっていくんです。股関節は歩いたり走ったりできれば十分で、生活上回転させる必要はありませんから、どんどん可動域がせまくなっていきます。とくにみなさんのように、仕事柄、同じ体勢を続けている人はその傾向が顕著です。ずっと椅子の上、ずっと運転、ずっとパソコンなどは、コリにつながるだけでなく、関節がかたくなるんです。要するに、体は止まった瞬間から硬直が始まります。これはどの関節でも同じなんです」

「でも先生、人によって体がやわらかい人もいますよね？」

「はい。関節がかたくなっていくことはみんな同じでも、そのスピードには個人差があって、なかには運動をしていないのに関節がやわらかい人もいます。こうした人たちは、ちょっとストレッチするだけで簡単に開脚できちゃうんです。でも、かたい人だって大丈夫。人間は赤ちゃんのころはみんなやわらかいんです。かたくなってしまった人も、もちろん努力は必要だけれど、やわらかい体に戻ることができますよ」

ふと大場は、気になっていることを聞いた。

「長年のつき合いの私から見ても、堀さんは明らかに身のこなしが軽やかになったように感じるんですが、その秘密はＥｉｋｏ先生だったんですね」

「堀さん、本当に努力されてましたからね。体がやわらかくなれば、当然身のこなしもきれいになりますよ。またぐ動作も、しゃがんだり立ったり、ものを拾う動作も楽になります。それ自体を目標に開脚をする人は多くないでしょうけれど、開脚ができるようになるとうれしい『おまけ』がいっぱいついてくるんですよ」

堀が時計を見て、慌てて３人をうながす。

「おっと、お店の予約、８時から取ってあるんですよ。話の続きはそこでするとして、２人に２週目の壁ストレッチを教えてやってもらえませんか？」

「はい、わかりました」

毎日
かならずやる
基本の2つ

1 **タオル**ストレッチ

2 **シコ**ストレッチ

3 壁ストレッチ

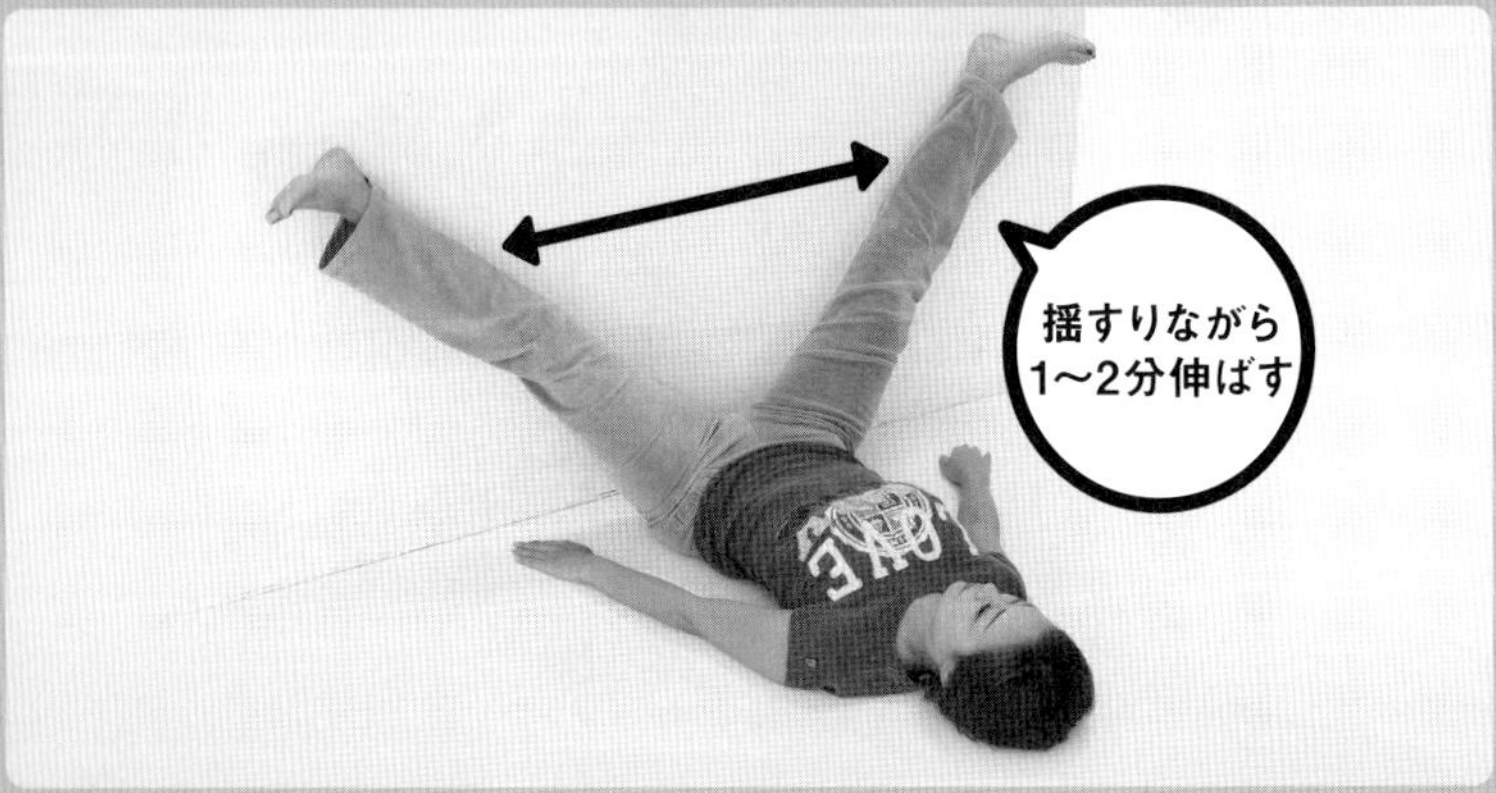

①お尻を壁に近づけ、両脚を天井に向かって伸ばし、開く。
②壁に脚を預け、ひざを曲げずに無理のない範囲で脚を開き、揺すりながら1〜2分程度ストレッチ。

これでもOK

負荷は脚を開く角度、お尻と壁との距離で調整。きつい場合は開くところまででOK。

▶▶▶ **最後に開脚をしてどこまで伸びるかチェック！**

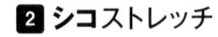

4人は、会社近くのレストランにやってきた。堀が以前よくつかっていた店で、大場もシェフと顔なじみだった。

食事とお酒を交えながら、開脚話に花が咲いた。とくに梅本は積極的だった。

「Ｅｉｋｏ先生、ストレッチをしていると、伸ばすことに対してどうしても怖いと感じてしまうんですけど、どうすればいいですか？」

「追い込みすぎることはよくありません。じつは私もヨガを追求するあまり、無理に伸ばしすぎて体を痛めてしまったことがあるの。これ、完全に本末転倒ですよね。健康になろうと思ってやってるのに……。だから、恐怖感があるっていうことはいいことなんですよ。それ以上は伸ばさないほうがいい、っていうサインなんです」

「なるほど～。じゃあ、どうすれば、適度にストレッチできますか？」

「まずは、準備体操をきちんとやること。私が開発した4週間プログラムで言えば、タオルストレッチとシコストレッチは、じつは準備体操的な意味もあるんです」

「ああ、そういうことだったんですか！」

大場も身を乗り出す。プログラムへの理解度が深まると、やりがいも出てくるというものだ。

「たいせつなことは、最大限伸ばすことを100％だとしたら、つねに70％程度の感覚にとどめておくことです。具体的には『ちょっと痛気持ちいい』くらいの感覚です。それ以上はやりすぎ。思わず息が止まってしまうような状態は避けたほうがいいでしょうね」

「先生、息の吐き方といえば、堀部長は『フー』じゃなくて、『ハー』で吐くとおっしゃっていたんですけど、どうしてなんですか？」

「そうしたほうが放熱できるからです。息を吐くとき『フー』とか『シュー』って言いながら吐くと冷たいけれど、『ハー』って吐くとあたたかいでしょう？　ちょっとやってみてください」

「ハー」

みんな一斉に息を吐いた。

「あ、本当ですね！」

「確かに、冬の日に外で手が冷たいとき、『フー』って息を吹きかけないなあ。かならず『ハー』ですね」

「でしょ。この吐き方をヨガの世界では『火の呼吸』と呼んでいます。『ハー』と息を吐きながら、体を痛めず効果的に柔軟性を高めてください」

「よし。『フー』じゃなくて『ハー』。『フー』じゃなくて『ハー』」

梅本がなんどもまじめに呼吸を確認している様子が、3人にはおかしかった。

堀が先をうながす。

「あと先生、ストレッチをする際に体を『揺する』というのも、先生がよくおっしゃっていた基本的なテクニックですよね？」

「そうです。少し揺すったほうがいいですね。筋肉全体に刺激が行き渡りますし、気持ちよく伸びるので筋肉がゆるみます。おまけに、揺すりながらだと伸ばしすぎることがないので、ケガの防止につながります。4週間プログラムのなかの、基本の2つのタオルストレッチ、シコストレッチ、1週目の内ももストレッチ、4週目のドアストレッチは、揺すりながらやると、とくに効果的ですね」

おいしい料理に舌鼓を打ち、時間はどんどん過ぎていくが、話はつきない。大場はどうしても聞きたかった疑問をぶつけてみた。

「Eiko先生、じつを言うと、本当に開脚ができるようになるのか、時々不安になるんです。漠然としていて恐縮なんですが、何かアドバイスをいただけませんか?」
「いえいえ、私も経験者ですから、大場さんのおっしゃりたいこと、よくわかります。そうですね……たくさんの方を見てきましたけれど、一言で言えば、あきらめてしまう最大の理由は、おっくうになってしまうからです。つまり、ストレッチがどうとか、開脚がどうとかという技術的な問題ではなく、あくまで気持ちの問題だということなんですよね」
「なるほど。先輩が、『やるか、やらないか』だって言ってたなあ」

「なんせ、私の生徒さんのなかには、72歳でベターッと開脚できるようになった方もいますからね」

「ホントですかっ⁉」

大場と梅本は、思わず声をそろえてしまった。

「本当なんですよ。つまり、多少の個人差はあれ、1か月がんばれば多くの人が開脚できるようになりますし、さらに時間をかければ誰でも開脚することは可能なんです。元体操選手だからとか、バレエ経験者だからとか、いっさい関係ありません。開脚に関しては、あきらめない人は報われるんです。これは、私が保証します」

力強い言葉に、2人は身が引き締まった。Eiko先生は続けた。

「私ね、開脚ができるかどうかって、ただ開脚だけの話ではないと思っているんです。結局、自分の意志で成功できるかどうか、人生を自らの力で切り開けるかどうかと同じなんじゃないかって」

堀は、深く頷《うなず》いている。

「直接は関係なくても、開脚には、なんでもできる、というポジティブな脳をつくる効き目があるんじゃないかって。もちろんこれは何も根拠はないんですけど。でも、堀さんはわかってくれはりますよね？」

「そうなんです。だから、彼らにもぜひそれを感じてほしいし、感じさせてやりたいんですよ。Ｅｉｋｏ先生、今後もいろいろアドバイスをしてやってください」

Ｅｉｋｏ先生は、あきらめずに続けるポイントをいくつか教えてくれた。

どうしても忙しければ、１分でもいいのでストレッチすること。
本当に時間がないときは、シコストレッチを最優先するとよいこと。
その日成長がなくても、最低限横ばい、後戻りを防ぐことを心がけてほしいこと。

きっちり目標を決めてひとつずつクリアしていくことも美しいが、現実の生活のなかで、多少障害があってもモチベーションを失わない手立てを考えておくこと。調子がいいときに先を急がず、一定のペースで持続すること。
そうした考え方は、ダイエットを成功させるコツとよく似ていること。

「酢を飲むと体がやわらかくなる」

というのはたんなる「都市伝説」で、何も根拠がないことも教えてくれた。梅本は知らなかったが、堀や大場の世代なら、

「サーカス団員はみんながまんして酢を飲み、体の柔軟さを保っている」

という都市伝説を聞いたことがあるという。
おひらきの前に、Ｅｌｋｏ先生は興味深い話をしてくれた。

「私は開脚していると、不思議と気持ちがどんどん高まって、痛いのに気持ちいいような、むしろリラックスして眠りに落ちそうな、ハイな状態になることがあるんです。すごく気持ちいいんですよ」

「本当ですか?」

　2人は信じられないという表情だ。いまのところ「きつい」という感覚しかないのだから無理もない。

「私、勝手にその状態を『開脚ハイ』って呼んでいるんです。ランナーズ・ハイ、クライマーズ・ハイみたいな状態が、きっと開脚にもあるんだろうと思います。だから、いろいろ悩んだり、考えごとがあったりすると、開脚するんです」

「私はよくわかります。頭がすっきりするし、いいアイデアもひらめきますよ」

堀には、思い当たる感覚があるらしかった。

「ですから、お2人にもぜひその感覚を味わってほしいんです。ストレッチや開脚は決してつらいことばかりじゃないんですよ。あと3週間、どうかがんばってください！」

シーン7

「続ける」って難しい

（2週目の実践）

「困るなあ梅本くん、あやうく大恥をかかされるところだったよ。こんな単純なミスをするなんて、君らしくないじゃないか」

直属の課長からダメ出しをされ、梅本は、すっかり小さくなっていた。ミスをしないことを最優先に仕事をしている梅本は、ミスを指摘されたり、怒られたりすることに、あまり慣れていない。

梅本と大場は、同じ部署だが担当がちがう。梅本の直属の上司である別の課長からの指示で、新規クライアントの分析と提案のための書類をつくっていたのだが、新しい分野のリサーチだったこともあって、分析と検証に時間がかかってしまった。そこに既存のクライアントのトラブルが重なり、予想していたよりも割ける時間がなくなってしまい、推敲が甘くなった。

それだけではない。図表に示したデータの数字をうっかりひと桁打ち間違え、まったくおかしな結論と提案を導いてしまっていた。事前の課長のチェックで、表ざたになる前に発見されたのは、社としては幸いだった。

原因はわかっていた。仕事がどんなに忙しくとも、開脚ストレッチは欠かさないようがんばってきたからだ。

堀へのあこがれ、そしていつも自分を気づかってくれる大場の本気ぶりを見たら、どうしても投げ出すわけにはいかなかった。

Ｅｉｋｏ先生の教えとアドバイスを守り、眠くてもうろうとしているときでも、シコストレッチだけはかならずするようにしていた。

ただ、いろいろと慣れないことが重なった結果、自分で自分を許せなくなるようなミスを犯してしまった。

梅本は、すっかり自信を喪失してしまった。

大場は、組織替え、担当替えの挨拶や接待が重なり、どうしても飲酒の機会が増えていた。もともと酒はあまり得意なほうではなかったが、立場上つきあい程度は嗜《たしな》む必要がある。そして、デスクワークの処理や引き継ぎがその分遅れ、ふだんなら早く帰れるはずの日もなかなか会社を離れられない。

金曜日、終電にギリギリ飛び乗った大場は、電車の人身事故で帰宅が遅れに遅れ、ついに開脚ストレッチをサボってしまった。というより、知らないうちに寝落ちしてしまったのだ。

じつは、眠りに落ちそうな意識のギリギリのところで、大場は「今日はサボってしまおう」と自覚する瞬間があった。

少しでも堀に追いつきたい。

仕事もプライベートも、あんなふうに軽やかにこなしたい。

開脚ができるようになったら、妻も翼もびっくりするだろうな。

フットサルのチームにも現役復帰できるだろうし、翼と目一杯サッカーを楽しめるかもしれない。

そんなさまざまな思いを、大場自身は欲張りとは考えていなかった。きっと堀ならば、どれも完璧にこなせるにちがいないからだ。

そんな焦りが、大場のストレッチを必要以上に後押ししてしまった。きのう、深夜に壁ストレッチで開脚をしていたら、月曜よりもだいぶ楽に開けるようになったことに気をよくして、つい限界ギリギリまで開いてしまったのだ。

すると、脚を壁にもたれてギリギリの角度をキープしていたつもりが、油断と筋力の衰えで重力に引っ張られ、110％くらいまで開いてしまったのである。

「あいたっ！」

思わず上げた大場の奇声に、寝ていた妻が驚いて起きてしまったほどだった。

大場と梅本は、大阪にいるEiko先生に相談できるよう、堀も交えた4人でLINEのグループを組んでいた。

あくる土曜日、Eiko先生は、まず梅本にこんなアドバイスをした。

「梅本さん、仕事大変でしたね。毎日ストレッチを続けるということは、決して無理をしてほしいということではありません。無理をした結果、仕事や生活に支障をきたすことになったら、結局開脚を続けることもできません。いくらダイエットをしたいからといって、飲まず食わずで会社に行けなくなったら元も子もないのと同じ。毎日続けるということは、毎日続けられるよう自分自身をコントロールする、ということでもあるんですよ」

大場には、こんなメッセージを送った。

「大場さん、お仕事お疲れさまです。具合はどうですか？　お風呂から上がって寝る前にストレッチをするのが理想ですが、急な予定が入ったり、お酒を飲んだりしてどうしても無理ならば、いったん寝て、起きたあとで行うことも考えてみてください。そもそも、ケガをしてまでがんばる必要はありません。

それから、痛めてしまった場合のアドバイスもしておきますね。完全なケガでないのなら、痛いからといってストレッチをやめてしまうと逆効果です。60％くらいでもいいので、毎日続けてください。血行がよくなることで治りも早くなるはずです。痛さをかばってストレッチをやめるほうが、かえって治りが遅くなります。もちろんどんな場合も無理は禁物ですよ」

堀は、Eiko先生の親身なアドバイスに敬服した。
いま自分にできることは、2人を励ますことだ。

「2人ともがんばっているな！　オレも時間がなくて、仕事の面でも開脚でも、なかなか力になってやれなくて申し訳ないと思っている。でも月曜の夜は最優先で空けてあるから、そこでかならず話を聞くからな」

Eiko先生も援護射撃をしてくれた。

「2年前、堀さんが開脚をがんばっていたころを思い出します。堀さんは何か別のたいせつなことを考えながら、家でもヨガ教室でも開脚に取り組んでいらっしゃったし、本当は激務で、ときには教室に来られなくなることがあっても、一切言い訳をせずにまた通ってくださいましたよね。

つねに前向き、現状からどうすればもっともいい結果を引き出せるのかだけを考えていらっしゃるように見えました。そんな堀さんの姿を見て、私もほかの生徒さんたちも、すっかり堀さんのファンになり、いつも応援していたんですよ！」

2人の知らない、大阪時代の堀の姿だった。

「Eiko先生、堀部長に内緒で聞きますけれど、ヨガ教室って女性が多いですよね？　やっぱりモテていましたか？」

梅本も、だんだん気持ちが落ち着いてきたようだ。

「というより、尊敬のまなざしを浴びていました。みんなのアイドルでしたよ。東京に戻られるときは、みんなで新大阪の駅までお見送りに行ってバンザイしたんですから！」

「マジですか先輩⁉　すごいなー。周りの人に、どこかの芸能人と勘違いされたんじゃないですか？」

大場も混ぜっ返すくらいには元気が出てきた。

堀は心のなかでEikｏ先生に感謝しながら、自信を持って2人に応酬した。

「すごいだろう？　スターになった気分だったぞ‼　君たちもスターになれる！」

シーン8

「開脚もできないやつが、何かを成せると思うな」

（3週目の解説）

再び月曜の夜がやってきた。どうにか2週目の壁ストレッチを終え、2人は再び堀の前で立位体前屈と開脚を行ってみる。心配していたEiko先生にも、LINE動画をつないで一緒に見てもらう。

「どうだ大場、まだ痛むか？　ゆっくりでいいぞ！」

大場はEiko先生のアドバイス通り、無理をしない程度に土日もストレッチを続けた。痛みはかなり治まっていた。

堀の目には、梅本も大場も、かなり開脚に近づいていることが強く実感できた。2人が撮影した動画も見せてもらったが、あらためて検証すると、2週間前より格段の進歩を見せている。大場の動画には、もはや茶化すことなく、真剣に見守っている息子・翼の姿が見切れて映っていた。

「よし。２人とも仕事面でも体力面でも厳しいなか、よく耐えて前進し続けたじゃないか。こうして目に見える結果がついてくると、オレもうれしいよ！」

堀は引き続き２人を励ます。

「すごい！　２週目よりも３週目、３週目よりも４週目のほうが、もっと快適で、そして楽しくなっていきますよ。ここまでくれば、開脚までそう遠くありません。がんばってください」

Ｅｉｋｏ先生も負けずに大阪からエールを送ってくれる。

「よし、では３週目の椅子ストレッチを説明するぞ。Ｅｉｋｏ先生、もし何かあれば指摘していただけると助かります！」

毎日
かならずやる
基本の2つ

1 タオルストレッチ

2 シコストレッチ

3 椅子ストレッチ

①背もたれに向かって椅子にまたがり、背もたれを両手で持ち、お腹を背もたれに向かって突き出す感覚で前に出す。

②そのまま上半身を後ろに倒し、腕で背もたれを押す感覚で股関節を 30 秒間揺すりながら伸ばす。

▶▶▶ **最後に開脚をしてどこまで伸びるかチェック！**

Ｅｉｋｏ先生は、堀の指導ぶりを絶賛した。

「堀さん、すごい！　いますぐインストラクターになれますよ」

「いえいえ、師匠の前で出すぎたまねをしました。でも、こうしていると、２年前のことをいろいろ思い出しますよ。Ｅｉｋｏ先生にほんとうに助けられたし、おかげで私の大阪赴任は実りの大きいものになりました。何と言っても、結果としてウチの会社が大いに助かったんだから、会社からＥｉｋｏ先生にお礼を言わなきゃならないですよ！」

Ｅｉｋｏ先生はしきりに謙遜しながら、通話を終えた。

大場が目を輝かせる。

「先輩！　先輩にとっての開脚って、単なる個人的なコンプレックスの克服だけではない、もっとたいせつな意味のあるできごとだったんですね。何だか、やっとオレにも見えてきた気がします」

「本当ですね。大げさな言い方になってしまうかもしれないですが、会社のみんなが言う堀部長の成功って、開脚の成功とも関係あるのかもしれませんよね」

梅本自慢の分析力も、だいぶ戻ってきたようだ。

堀は、2人に向き直って、ゆっくりと話し始めた。

「オレは、プレッシャーに潰されそうになるなかで、新しいことを受け入れるたいせつさ、できないことをできるようにするという強い気持ち、そしてそれらを消化していくことによって生まれるチャレンジへの意欲を知ったんだ。そのきっかけが、たまたま巡りあった開脚だったんだよ」

2人は、堀の真剣な眼差しに少し驚いている。

「別に開脚ができたからといって、なんていうことはない。でも、君たちが経験したように、人は開脚できる人間を見ると驚くだろう？　その輝きというか、リスペクトの気持ちって、オレなりに解釈すると、人ができないことをチャレンジし続けている姿勢そのものに向けられているような気がするんだ」

「先輩は、なぜ開脚をやめなかったんですか？」

「オレは、会社から言われて単身赴任したとか、周囲の期待と不安を背負って大阪に飛び込んだとか、そういうことを一切度外視して、自分自身がどうするのか、自分自身がどう進むのかを追い求めたかったんだ。

支社の連中にも、他人や、外部環境や景気の行く末なんか関係ない——いや、正確に言えばまったく関係ないわけではないけれど、まず考えるのはそこではないということをわかって欲しかった。そのために、オレは開脚を続けたし、続けられたと思う」

2人は息を呑んだ。

「だから、君たちだって、別に開脚に興味がなければやめてしまって構わないよ。当たり前だけど、それによって君たちの評価が下がることも、ボーナスが削られることもない。先々週、たまたま会議室を覗かれなかったら、きっとこんな展開にはなっていなかっただろうしな」

本当に、そのとおりだった。

堀はさらに続けた。

「でも同時に、いま君たち2人が、真摯に、そして全力で仕事や人生に取り組んでいるなかで、壁に当たっていることも、オレにはわかりすぎるくらいわかるんだ。それは、決してネガティブなことじゃない。開脚ができるようになることと、じつは同じことなんだよ。たかが開脚、されど開脚。たかが仕事、されど仕事。たかが人生、されど人生さ」

そして、ひと呼吸おいて、堀は力強く言った。

「開脚もできないやつが、何かを成せると思うな」

シーン9

女王の「開脚道」

（3週目の実践）

2人は、再び新たなストレッチに取り組み始めた。もう、迷うことはなくなった。そして、Ｅｉｋｏ先生の言うとおり、だんだんと開脚そのものが楽しく、そして楽になっていくのが実感できた。

大場の妻は、ペアストレッチで大場の腕を引っ張って手助けしてくれた。翼も見よう見まねでやってくれたが、残念ながらまだちょっと力が足りないようだった。でも、その気遣いが大場のやる気に一層火をつけた。

梅本は、スキマ時間を活用したストレッチをできるだけするようにした。パソコンと向き合っているとどうしても体がかたくなるし、いいアイデアも出なくなる。そんなときは、ちょっと空いているデスクや会議室の椅子を利用して、1分だけでもストレッチをしてみる。

すると、体もほぐれるし、不思議と気分転換ができて、その後の仕事もはかどるのだった。

金曜日の夜、いつものようにLINEグループで2人が途中経過を報告していると、Eiko先生からこんなメッセージが届いた。

［明日午後から東京で出張レッスンが入っているんですが、もしよかったら、その前に、皆さんにお目にかかれませんか？］

東京駅の近くのホテルで、11時からお茶をすることに決まった。堀は先約があり、残念だが行けないという。

しかし、堀にはEiko先生の意図が読めているようだった。

「君たち、絶対勉強になるから、よく話を聞いてこい。貴重な話をしてくれるはずだよ」

レッスン用の道具が入ったキャリーバッグを引いて現れたＥｉｋｏ先生は、あらためて２人の現状や気持ちの変化を聞き、とてもうれしそうだった。

「じつはね、堀さんには内緒にしてほしいって言われていたんやけど、今日は堀さんのお願いやったんです。私が２年前に堀さんにした私自身の話を、どうしてもお２人にも聞かせてほしいって。ホンマに堀さん、部下思いのええ人です。ダンディの塊やな」

２人は驚き、互いの顔を見合った。

Ｅｉｋｏ先生が２年前に堀に語った話とは、なぜ彼女自身が１００万回もの再生を集めた開脚の動画をつくれたのか、というエピソードだった。

Ｅｉｋｏ先生は、もともとエアロビクスのインストラクターをしていた。そのくせ体は人並み以上にかたく、開脚なんてまったくできなかった。

エアロビにおいては開脚は必須ではない。しかし体はやわらかいほうがいいし、一流とされるインストラクターは、結果的に美しく開脚できる人が大半だった。

エアロビの大会に出て、ハイキックやジャンプをしながら脚を前に、左右に上げる。筋力や筋持久力、そして柔軟性が問われる。Ｅｉｋｏ先生は、個人としてはまったく結果を残すことができなかった。

ただ、エアロビの大会で好成績を挙げることと、生徒にとってよいインストラクターであることは似ているようで異なる。

我が道を行きたがる、選手としては一流のインストラクターよりも、指導法や気遣い、盛り上げ方などが上手なインストラクターのほうが、ずっと人気がでるし、重宝される。

だから、体がかたくても、別に気にしない。Ｅｉｋｏ先生はそう思っていた。ただ、開脚すらできないなんて、人前では決して口にできなかった。

出産を経て、やがて世の中のニーズはヨガに移っていった。激しい運動であるエアロビは年齢的に厳しくなったこともあり、Ｅｉｋｏ先生もヨガに転向し、ひとりの生徒としてヨガを習得することに決めた。

当時はヨガのブームで、いまＥｉｋｏ先生が教えているのとはまったくちがう、パワーヨガが流行っていた。体をやわらかくしたくて必死に食らいついていったが、気持ちが萎えそうになり、あきらめかけた。

いったんはあきらめ、勤めにも出た。

でもどうしても続かなかった。

そこが自分の居場所だとは思えなかったのだ。

そこで再びヨガを始めた。めきめきと上達し、指導する立場になった。

すると今度は、体がかたいのに負荷をかけ過ぎ、かえって体を痛めて頓挫する、という泥沼に陥ってしまった。

鍼《はり》やマッサージに通い、歯をくいしばって続けたが、ふと本末転倒である自分に気づいた。

みんな、健康になりたくて、楽しくなりたくてヨガに来ているはずなのに、それを指導する先生が不健康で、不幸せでどうするんだ?

そこで初めて気づいたのが、体がかたい人に向けた、無理のない、効率的なストレッチのアイデアだったのだ。

誰かに教えられたわけでも、誰かのまねをしたのでもない。健康になるための、楽しくなる、やる気の出てくる、そして自らを勇気づけるストレッチ。その結果としての、開脚という感動と驚き。

ふとしたきっかけで動画を撮影し、ネットにアップすると、瞬く間にSNSで拡散され、100万回も再生された。

もし自分の体がもともとやわらかかったとしたら、きっとそんなチャンスは巡って来なかったにちがいない。

かたかったからこそ、オリジナルの開脚方法を開発できたのだ。


大場も梅本も、Eiko先生の話に引き込まれた。

「Eiko先生もたいへんなご苦労があったんですね。なんか、自分と重ねてしまいました」

「堀さんも、2年前に同じようなことをおっしゃってくれはったんです。『そうか、なんだかんだ言っても、結局は心から思ったことを、ただひたすらやるだけなんだ』って」

大場は、堀の気持ち、Ｅｉｋｏ先生の思い、そしていまこの場をセッティングしてくれた感謝の気持ちで、胸が一杯になった。

そう、結局は、どこまでいっても自分しだいなのだ。

「インストラクターである私にできることって、案外限られているんです。どれだけ励ましても、どれだけかんたんな方法にアレンジしても、結局は、やらはる人と、そうでない人がいるだけなんです」

梅本は、何度も深く頷いていた。

「梅本さん。私、みなさんのような仕事はあまりした経験がないですけれど、私がしてあげられることは、梅本さんのなかに本当は存在している『やればできる脳』を、体の動きをつかって実感してもらうことなんです。仕事も開脚も、ヨガもダイエットも、本当はみんな同じなんですよ」

Eiko先生の「開脚道」は、ここ数年いろいろ悩んでいた梅本の胸のなかにも、ストンと落ちてきた。

開脚やストレッチは、ただの開脚でも、ただのストレッチでもない。それは体をつかった「気づき」なのだった。

誰の指示でもない、誰の命令でもない。自分で目標を考え、自分の信じた道を、自らの意志で進んでいく。

それこそがほかの誰のものでもない、自分の人生なのだ。

2人は、堀の意図を深く理解した。

そしてEiko先生の笑顔に、かならず開脚を達成することを誓ったのだった。

シーン10

自らの道を突き進め！

（4週目の解説・実践）

月曜の夜がやってきた。2人とも、これほど特定の日が待ち遠しく感じられるのは、子どものころの遠足や旅行以来だった。

「よしっ！　本当にあと1歩だ！」

堀は心から満足そうな顔をしている。

Eiko先生が、じつは堀からの頼みで会いに来たのを暴露してしまったことは、言い出さなかった。

それがいま2人にできる、堀への感謝の表現だった。

「Ｅｉｋｏ先生の話、勉強になっただろう？　オレも開脚の練習を始めたとき、Ｅｉｋｏ先生の姿に自分を重ねたんだ。ああいう経緯であの動画が生まれて、それを観たオレが教えを乞うているんだから、ちょっと感動的だったよ。Ｅｉｋｏ先生の気づきがあったおかげで、オレにも、そして君たちにも好影響が及んでいるんだから。誰かに命令されて動くのではなく、自ら道を切り開いたときに初めて誰にも出来なかった発想が実を結ぶ。オレが言いたかったのは、そういうことなんだ」

２人の表情は、いままでにないほど明るかった。

「さあ、あとは達成するのみだ！　いよいよ４週目だぞ！」

毎日
かならずやる
基本の2つ

1 タオルストレッチ

2 シコストレッチ

3 ドアストレッチ

1

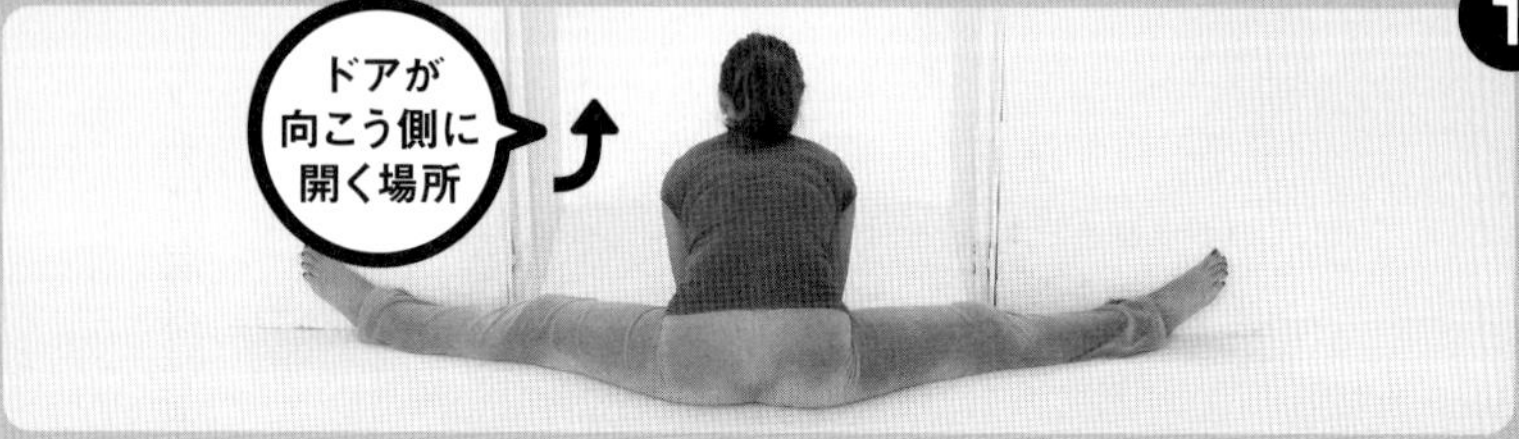
ドアが
向こう側に
開く場所

①左右の壁が平行でドアが外側に開く場所をさがし、その前に脚を開いて座る。

2

腕をついて
30 秒間
揺する

②開いた両脚を壁で支持し、上半身を前に倒して腕を前につき、体を揺すりながら 30 秒間伸ばす。負荷はお尻の前後の位置で調整する。

ドアがないときは…… **3 カエル**ストレッチ

脚を大きく開いて足首を外側に向け、床に手をついて倒れそうになる上半身を支えながら 30 秒間伸ばす。床に手がつかない場合は、ひじのあたりを太ももに乗せて上半身を支えるとよい。

▶▶▶ **最後に開脚をしてどこまで伸びるかチェック！**

まず、カエルストレッチに梅本がチャレンジする。恐る恐るだったが、結局はスムーズに手を床につくことができた。

続いて3人は、会議室のドアを開き、前の廊下に誰もいないのを見計らって、ドアストレッチをためしてみた。

まずは大場。かなり脚が開くし、思ったよりも前に倒れる。

「よし大場、ちょっと押してみるぞ」

堀が背中を押すが、大場はそれほど負担に感じない。開脚実現まで、本当にもうすぐなのだ。

続いて梅本がためそうと脚を開いたところ、まじめな話をしながら廊下を歩いてくる大勢の声がした。誰か来たのだ。

「まずい、君たち隠れろ！」

慌ててトレパン姿の2人を元の会議室に押し込み、堀がバタンとドアを閉めた。間一髪でセーフだった。

「やー2人とも危なかったな！　こんな格好して、何しに会社に来ているんだ！　って怒られちゃうところだったよ」

「いいじゃないですか先輩。先輩も一緒に怒られてくれるなら、オレたち怖いものはないですよ」

「本当ですよね！　でもなんか、いまの瞬間って、学生時代に放課後なかなか帰らない悪い生徒みたいでしたね」

「悪いなんてことがあるか。自分が信じた道を進んでいるんだから、堂々と胸を張っていればいいんだ！　でも、いちおう会社だから、胸を張るときはトレパンじゃなくてスーツ姿にしておこう」

堀の言葉で、3人はどっと笑った。

ついに、そのとき

その日は、本当にやってきた。

木曜日。大場は自分の体に問いかけるように少し呼吸を整えたあと、ついに目標である開脚をこころみた。

脚を大きく開き、ひざをピンと伸ばして、「ハー」と息を吐きながら、上半身をゆっくり倒していく。

あと10cm、あと5cm。

痛みはない。

そして、両ひじが、ついに床についた。

開脚を達成したのだ！

「やったじゃない！」

妻が本気で驚き、目を丸くしている。

こんな声を出されたのは、学生時代に告白して以来かもしれない。大場は妙にロマンチックな格好で自分のあごを支えながら、少し恥ずかしくなった。

「お父さんすごい！」

布団に入っていたはずの翼も慌てて起きてきた。チャレンジしてできないと格好わるいので、翼が寝るのを待ってためしてみたのだった。

こうして家族に、先輩や同僚に応援されながら何かを達成する。その喜びは、想像以上の大きさだった。

早く先輩に見せたいが、梅本さんはどうしているだろう？

じつは梅本も、同じ日の深夜、開脚を達成していた。

その瞬間、体中の血液が沸騰するような喜びが湧き上がった。思わず、誰もいない部屋で「わーっ」と声を上げてしまった。

そういえばここ最近、自分は表面上だけでなく、心から明るくなった気がする。梅本はそんな実感を得ていた。

昨日の夜、実家の母から電話がかかってきて、久しぶりに会話をした。

もちろん梅本の母は、娘が日々開脚に取り組んでいるなんて知るよしもない。いつもの暗に結婚を焦らせるような話題にも、梅本は、妙に明るい、楽しげな声で反応してしまう自分に驚いた。

そう。恋愛だって、まだ無理だと思うなら何もしなくていい。したいと思うならすればいい。

余裕がなければつくればいい。

自分からどんどん新しい場所に出かけていけばいい。

周囲なんて関係ない。

私だけの道、私だけの人生を、私の意志で進んでいく。

ただそれだけなんだ。

梅本は、たった1か月前の自分を思い出して、自分で自分に少し感動してしまった。

白い壁に、堀部長やＥｉｋｏ先生、大場の顔が浮かんだ。

開脚してみて、床にひじをつき、自分の手のひらの上にあごを乗せていると、嬉しさと痛気持ちよさ、そして今日１日の疲労感がだんだんミックスされてきて、ぼーっとなってくる感覚が生まれてくる。

それは、一言で言えばとても幸せで、気持ちのいい感覚だった。

興奮しているのに、思わず深い眠りに引きこまれそうになる。

クセになりそうな中毒性がある。

もしかしたら、これがＥｉｋｏ先生が前に言っていた「開脚ハイ」なのかな——。

なぜだか、わけもなく、涙がこぼれてきた。

翌朝、２人が会社で顔を合わせると、どちらかが言い出すまでもなく、お互いに開脚を達成できたことがすぐにわかった。

「もしかして、できました？」

「そうなんだよ！　できたできた！」

「私もなんです！　早く堀部長に見せたくて！」

梅本は小躍りしそうだった。

大場も、その場に誰もいなければ、思わずハグをしてしまいそうだった。

そして、つぎの月曜の夜まで、堀には内緒にしておくことにした。

ついに、運命の4週間後がやってきた。

大場が会議室に用意したレジャーシートの上で、まず大場、続いて梅本が開脚を披露する。

堀は、涙を浮かべ、大きく何度も頷いた。

梅本が立ち上がると、堀は急に2人の肩を引き寄せた。

「よくがんばったな……。　オレはかならずこの日が来るって信じていた。おめでとう！」

梅本も泣いていた。

「もう、君たちは何でもできる。仕事であろうとプライベートであろうと、自分の思った通りに突き進んでほしい」

大場の顔には、ただ笑顔だけがあった。

「ところで、だ」

堀がトーンを仕事モードにきりかえて話し始めた。

「2人には、オレが直接指揮する新しいプロジェクトに入ってほしい。会社の未来をうらなう大型プロジェクトだ。ゼロから始めてもらう。新規クライアントを開拓し、一気に業界シェアの3割をさらうのが目標だ。まずは2人でマーケティングから始めてほしい」

正直、すごいハードルだった。しかし、思わず見合わせたお互いの表情は、決して曇ってはいなかった。

「このプロジェクトの定例打ち合わせは、毎週月曜の夜7時から、この会議室で行う！　梅本くん、総務に言って、レギュラーでおさえてもらってくれ！」

　2人の表情が笑顔で輝き始めた。

「あと、大場にはもうひとつ新たな課題！　5キロダイエットすること！　いまの君なら難なくできるだろう！　そして、毎週報告すること！」

「え、先輩、マジですか……」

「わー、引き締まった大場さんを見てみたいなあ」

　会議室は爆笑に包まれていた。

完

Eiko

大阪府出身。ヨガインストラクター。シェイクヨガ主催。「開脚の女王」の異名をもつ。10年間、エアロビクスインストラクターとして活躍したのち、ヨガインストラクターに転身。体のかたい人や腰痛をもった人でも、楽しく、効果的に行える「シェイクヨガ」を考案し、話題を呼ぶ。ヨガの指導をしながら、体がやわらかくなるワザを多くの人に伝授し、2015年に発表した開脚動画「体が硬い人でも必ず開脚が出来るようになるストレッチ方法」は、ツイッターやフェイスブックなどで瞬く間に人気になり、２５０万回再生を突破。これを機に「開脚の女王」として一気に注目を集める。生徒さんのなかには７０歳でもベターッと開脚できる人もいる。

ブックデザイン　鈴木大輔・江﨑輝海（ソウルデザイン）
撮　影　鈴木江実子
校　閲　鷗来堂
ＤＴＰ　天龍社
構　成　増澤健太郎
編　集　黒川精一（サンマーク出版）

どんなに体がかたい人でも ベターッと開脚できるようになる すごい方法

2016年4月27日　初版発行
2017年1月15日　第35刷発行

著　者　Eiko
発行人　植木宣隆
発行所　株式会社サンマーク出版
〒169-0075　東京都新宿区高田馬場2-16-11
電話　03-5272-3166（代表）

印刷　共同印刷株式会社
製本　株式会社若林製本工場

ISBN978-4-7631-3542-1 C0036
ホームページ　http://www.sunmark.co.jp
携帯サイト　http://www.sunmark.jp